Meurtres
DE L'AVENT

Meurtres DE L'AVENT

25 énigmes pour trouver le coupable

JOEL JESSUP

hachette

Ouvrage publié pour la première fois en 2025 par Michael O'Mara Books Limited
(9 Lion Yard, Tremadoc Road, London SW4 7NQ).

Direction : Catherine Saunier-Talec
Responsable éditoriale : Lisa Grall
Traduction : Élisabeth Boyer
Relecture d'épreuves : Odile Raoul
Fabrication : Amélie Lastch
Partenariats : Dana Lichiardopol (dlichiardopol@hachette-livre.fr)

Dépôt légal : octobre 2025
76-7085-7
ISBN : 978-2-01-729509-9/01
webpratique@hachette-pratique.com

Imprimé en Italie par Grafica Veneta

SOMMAIRE

GUIDE DES ÉNIGMES

Les 25 chapitres composent un calendrier de l'Avent, chaque énigme à résoudre (une par jour) constituant une fenêtre du calendrier. La docteure Harker, notre héroïne, reçoit tous les matins une image provenant d'une source anonyme, qui pourrait être le meurtrier de Mr Holly, le gardien de l'église du village.

Chacune de ces images renvoie à un secret détenu par un des habitants du village, et la docteure Harker enquête sur l'identité de cette personne.

Chaque chapitre s'achève sur une énigme liée à la personne désignée par l'image, et la solution permet de faire avancer l'histoire. Le texte de certains chapitres livre parfois des indices pour résoudre l'énigme, mais les informations nécessaires figurent généralement en gras à la fin du chapitre.

Si vous avez besoin d'aide pour résoudre une énigme, consultez les solutions à la page 207, en veillant à ne pas lire les solutions des autres énigmes.

L'énigme finale, qui consiste à découvrir l'identité du tueur, se trouve dans le dernier chapitre (25 décembre). Vous pouvez la résoudre même si vous n'avez pas la réponse à toutes les énigmes, mais vous aurez plus de chance en trouvant toutes les réponses.

Bonne chance !

REMERCIEMENTS

Merci à tous ceux qui ont travaillé sur ce livre. Merci à mon père, John Jessup, qui a apporté sa contribution créative, son soutien et une barbe inspirante.

Merci à mes brillantes éditrices, Nicki Crossley et Lucy Stewardson, et à Peter Liddiard pour ses illustrations parfaitement adaptées. Merci également à Natasha Le Coultre pour sa couverture élégante, et à Claire Cater pour son beau travail de conception et de composition.

Enfin, je remercie Jennifer Jessup, ma femme et ma complice de ces crimes fictifs.

25
16
21
4
12
9
19
6
2
22
10
11
13

LE CALENDRIER DE L'AVENT DE CANDLESTOW

PROLOGUE

30 novembre

Le corps de Mr Holly gît sur le trottoir devant la salle des fêtes de Candlestow. L'inspecteur Twelvetrees pourrait lui trouver un air paisible, s'il ne savait pas que l'homme est mort.

La scène forme un tableau dramatique. Une échelle est appuyée contre la façade et le toit est recouvert de décorations de Noël, toutes éteintes à cette heure : des bonshommes de neige en plastique, un Santa Claus, quelques rennes gonflables et des guirlandes lumineuses. « Traumatisme crânien causé par un objet contondant, avec plusieurs contusions, dit le docteur Wodecki, le pathologiste local, à l'inspecteur Twelvetrees qui se redresse. Il est mort rapidement. Selon toute vraisemblance, il y a quelques heures. »

C'est Adeline Harker, le médecin généraliste du village depuis peu à la retraite et membre du comité de gestion de la salle des fêtes, qui les a appelés. Il était à peine 7 h, mais elle était arrivée tôt pour ouvrir la salle afin de préparer la première répétition pour la pièce de Noël.

Wodecki dit que l'ambulance n'arrivera pas tout de suite (Candlestow est niché dans un coin perdu de la campagne) et pénètre dans le hall pour se réchauffer. Il salue d'un signe de tête la docteure Harker, qui porte un plateau chargé de tasses de thé. « Il semble qu'il soit tombé en réparant l'une des décorations, dit la docteure Harker, en insistant sur le mot "semble". »

« Est-ce que c'est lui qui se chargeait de ces réparations d'habitude ? », demande Twelvetrees. L'inspecteur espère que non. Mr Holly était octogénaire, le comité pourrait être tenu pour responsable si ses membres avaient eu l'idée de confier une telle tâche à ce vieil homme.

« En général, non. C'est Roy Hatt qui s'en occupe, répond Harker. Mais Mr Holly est très manuel. C'est… enfin c'était le gardien de l'église. Je lui ai souvent dit de ne pas faire les travaux les plus durs, mais il ne m'écoutait pas. »

Un simple accident. Holly a dû voir qu'un des rennes semblait dégonflé, il est monté pour le réparer, a trébuché sur un câble et est tombé. Sauf que l'inspecteur Twelvetrees entend une petite voix dans sa tête. Cette voix qui le poursuit depuis qu'il a terminé sa formation. Il a toujours rêvé d'une vie paisible, mais la voix ne le lui permet pas. Cette fois, elle est rejointe par celle de la docteure Harker. « S'il est tombé du toit, s'interroge celle-ci, perplexe, pourquoi aucune des décorations n'a-t-elle été endommagée ou dérangée ? Il a forcément dû en heurter au passage. »

C'est exactement ce que la voix murmure à Twelvetrees. Il ne s'agit pas d'un accident, comme on pourrait le croire. Il pourrait même s'agir d'un meurtre. « Est-ce qu'on a des nouvelles de ses proches ? », demande Twelvetrees à un agent qui se trouve à proximité.

« Pas pour l'instant, lance la docteure Harker avant que l'agent ait le temps de répondre. Il disait qu'il avait l'impression d'appartenir au village. Tout le monde va être bouleversé. »

« Il était apprécié ? », demande l'inspecteur.

« Euh, oui. Mais je voulais parler de la pièce de Noël. C'était lui le metteur en scène », dit-elle. L'inspecteur a très envie de rappeler à Harker qu'il y a des choses plus graves pour le moment, mais il sait à quel point des villages comme celui-ci prennent au sérieux leur représentation de Noël. Et même, pour certains habitants, la pire chose qui puisse se produire au moment des fêtes, c'est la ruine de cette pièce. L'inspecteur Twelvetrees ne sait pas à quel point il se trompe.

1er décembre

BÛCHE DE NOËL

Ce matin, la docteure Harker redoute d'ouvrir ses e-mails.

Hier, le comité des fêtes et tous ceux qui travaillaient sur la pièce se sont miraculeusement tenus à distance de toute cette agitation. La police a enlevé le corps de Mr Holly, bouclé la zone et l'a interrogée, ainsi que les autres témoins éventuels. Néanmoins, comme elle s'y attendait, les messages de panique affluent aujourd'hui. Elle regrette d'avoir accepté d'être régisseur.

Un des e-mails se distingue des autres: à la place du nom de l'expéditeur, il y a une série de lettres et de chiffres apparemment aléatoires. Elle s'apprête à le supprimer lorsqu'elle remarque l'image jointe. Quelque chose lui semblant étrangement familier. Elle ouvre l'image en se fiant à son antivirus.

C'est l'image d'une fenêtre ouverte sur un calendrier de l'Avent. À l'intérieur, un dessin représente une bûche de Noël. Aucun autre détail. Très étrange.

Soudain, elle comprend pourquoi l'image lui a semblé familière. L'extrémité de la bûche ressemble au logo de la boutique de laine des sœurs Hunnam. Une nouvelle promotion pour Noël? Elle a besoin de laine pour tricoter un bonnet de Noël afin de s'amuser avec son chat Grendel. Elle pourrait peut-être faire un saut à la boutique et voir si ses propriétaires sont à l'origine de cet envoi.

Harker arrive devant la boutique et voit Fiona, Gill et Petra s'affairer à l'intérieur. Les sœurs Hunnam sont très cordiales avec leurs clients, mais elles semblent ne plus se parler depuis la mort de leur mère, et personne ne sait pourquoi. Fiona pulvérise de la fausse neige sur la vitrine et sourit à la docteure quand celle-ci franchit la porte. Gill est en train de créer un renne avec des pelotes. Elle a toujours adoré les décorations de Noël. Petra, l'aînée et la plus raisonnable, se tient au comptoir comme d'habitude et fait mine d'ignorer ce que font ses sœurs. Elle fait un signe de tête amical à la docteure.

Après quelques mots sur le sort de Mr Holly, Harker commandé trois pelotes Coral Super Chunky, puis sort son téléphone et montre à Petra l'image de la bûche sur le calendrier de l'Avent. « J'ai reçu cette image par e-mail ce matin. Est-ce que vous la connaissez ? », demande-t-elle d'un ton qui se veut léger.

La réaction de Petra est surprenante. En un instant, elle devient rouge betterave et fixe la docteure Harker d'un regard plein de haine. « Comment osez-vous ?, crie-t-elle d'un ton accusateur. Qui vous a poussé à faire ça ? »

Petra fait signe à ses sœurs de venir regarder l'image. Nerveuses à l'idée de ce qu'elles vont découvrir, elles s'approchent pour regarder ce qui a mis Petra en colère. En voyant l'image, elles prennent toutes deux la même teinte cramoisie et semblent elles aussi très bouleversées. « Je n'ai rien envoyé ! », proteste Fiona en se tournant vers Gill.

« Moi non plus ! Nous étions d'accord pour ne jamais en parler ! », réplique Gill en regardant Fiona.

Petra fixe ses sœurs avec méfiance lorsque son visage s'assombrit. Elle dit d'une voix maussade : « Nous étions d'accord pour ne jamais en parler… » Un instant plus tard, cependant, elle retrouve toute sa rage. Les trois sœurs se crient dessus avec une férocité croissante, sous le regard ahuri de la docteure Harker.

Une voix autoritaire s'élève au milieu de ce brouhaha pour demander : « Qu'est-ce qui se passe ? Il y a un problème ? » Les quatre femmes se retournent et aperçoivent l'inspecteur Twelvetrees dans l'embrasure de la porte, l'air mécontent, tenant dans sa main un sandwich aux crevettes à moitié mangé. Les sœurs se taisent aussitôt tandis que Harker lui montre l'image reçue par e-mail.

« Je leur ai juste montré cette image et elles se sont déchaînées. Je ne m'attendais pas à cette réaction. »

Le calme est revenu entre les sœurs, et Petra dit alors : « Je devrais peut-être vous expliquer… » Fiona et Gill commencent à protester, mais Petra lève une main pour les calmer : « Il est temps d'en parler ouvertement », insiste-t-elle.

Petra explique que tout est lié à leur défunte mère, Enid, qui a eu une influence toxique sur leur vie, les dressant les unes contre les autres pour obtenir leurs faveurs. Petra fouille derrière le comptoir et en sort un album de photos. Elle commence à le feuilleter tout en parlant, soulignant les scènes apparemment heureuses qui cachent des vérités douloureuses. « Si l'une de nous réussissait quelque chose, Maman disait toujours que les autres l'avaient déjà fait, ou l'avait fait mieux », explique Petra. Harker sait que c'est vrai. Elle a soigné leur mère et Enid a compté parmi ses patientes les plus désagréables – pour dire les choses poliment.

« Noël était le pire moment de l'année, poursuit Petra. D'abord, il y avait le sapin – on ne pouvait pas avoir trop ou pas assez de décorations ! Ensuite, les guirlandes, la musique… Elle notait même ses cadeaux ! Mais c'est au dîner de Noël que le massacre commençait vraiment. » Gill et Fiona acquiescent tristement. « Chaque année, l'une d'entre nous devait préparer une bûche pour le dessert, raconte Petra. Nous devions le faire à tour de rôle. Cela nous prenait des heures. Mais, chaque fois, le verdict était le même : c'était toujours le pire gâteau qu'elle avait jamais mangé ! »

Gill poursuit : « Nous avons alors décidé de prendre les choses en main pour savoir quel gâteau était vraiment son gâteau préféré. Maman prenait de l'âge et on sentait que c'était peut-être son dernier Noël, alors chacune de nous a préparé une bûche, en nous appliquant du mieux possible ! Ensuite, nous avons coupé une tranche dans chaque gâteau, à l'un des bouts pour que toutes les tranches se ressemblent, et nous les avons disposés sur trois assiettes identiques avant de les placer devant la vieille toupie. Nous avions convenu que le gâteau qu'elle mangerait en premier serait le meilleur. » Ce souvenir ravive manifestement l'hostilité entre les sœurs, qui échangent de nouveau des regards de colère.

« Que s'est-il passé alors ? », demande l'inspecteur.

« Nous avons décidé de quitter la pièce pour ne pas influencer son choix, déclare Petra. Puis nous avons entendu un cri et le bruit d'une assiette tombée au sol. Nous nous sommes précipitées à l'intérieur pour trouver Maman allongée sur le tapis, son visage devenant tout bleu ! »

« Nous avons appelé l'ambulance, mais c'était trop tard… Elle est morte vingt minutes plus tard, se souvient Fiona avec tristesse. Les médecins ont dit qu'elle avait fait une embolie, mais nous savions que c'était le gâteau. » Les sœurs échangent des regards où se mêlent culpabilité et accusation.

« Alors… quel gâteau… ? », demande timidement l'inspecteur.

« C'est ça qui est stupide, répond Petra avec amertume. Dans notre empressement à aider maman, nous n'avons pas fait attention au gâteau qu'elle avait mangé. Quand nous sommes rentrées de l'hôpital, quelqu'un avait débarrassé la table, pensant sans doute rendre service. Nous ne savons pas quelle bûche elle a choisie en premier. Donc nous ne savons pas laquelle d'entre nous a voulu la tuer… »

« Et c'est pour cela que vous ne vous parlez plus ? », demande Harker avec douceur. Les sœurs acquiescent et semblent soudain rajeunies. La docteure Harker décide que la franchise est la meilleure tactique dans cette situation : « Écoutez-moi, Enid avait 92 ans. Elle souffrait d'hypertension, fumait comme un sapeur et ne pouvait résister au chocolat, même si elle prétendait qu'elle suivait un régime. Sa mort a été causée par la vieillesse et par sa mauvaise santé. » À ces mots, un changement s'opère chez les sœurs, qui semblent sortir de leur prison mentale. Elles fondent en larmes et se serrent mutuellement dans les bras. Le soulagement se lit sur leurs visages.

L'inspecteur semble mal à l'aise et s'incline pour chuchoter quelques mots à l'oreille de la docteure Harker : « Je file. Heureusement qu'elles n'ont jamais su quel gâteau elle avait mangé ! »

Mais Harker, en regardant les photos, peut dire exactement quelle part de gâteau Enid a mangé avant de mourir…

Voici les trois gâteaux de Noël que les sœurs ont préparés. En utilisant ce que nous savons sur chacune d'elles, ainsi que les remarques de Harker sur les préférences d'Enid, déterminez : a) quel gâteau a été préparé par quelle sœur ; b) quel gâteau Enid a choisi de manger.

- Fiona adore la neige et les décorations.
- Gill n'aime pas trop le sucre glace, mais adore le chocolat. Elle raffole de Noël et aime beaucoup les décorations.
- Petra n'aime ni les décorations, ni le sucre glace, ni le chocolat. Elle préfère la sobriété.

NOTES DU DR HARKER

Enid était une patiente très difficile ; elle se servait toujours de petites portions, mais elle mangeait visiblement beaucoup de chocolat. Pendant tout le rendez-vous, elle a récriminé contre Noël, en parlant notamment de son aversion pour la neige et les décorations…

L'inspecteur Twelvetrees nie l'existence d'un lien entre l'image de la bûche et les sœurs Hunnam. « L'image a touché un point sensible, mais il s'agit manifestement d'une coïncidence. »

« Mais il y a une grande ressemblance avec le logo de leur boutique », insiste Harker.

« Je ne la vois pas », réplique Twelvetrees, un peu trop rapidement.

« L'image constitue la première fenêtre d'un calendrier de l'Avent, fait remarquer Harker. Il y en aura peut-être une autre demain. »

« Je suis là pour enquêter sur la mort de Mr Holly », répond sèchement l'inspecteur Twelvetrees. Il lui jette un regard sévère, mais elle s'est déjà éloignée…

La docteure Harker passe le reste de la journée en réunion de crise à propos de la pièce. Tout le monde est d'accord pour que Lily Franzen assume le rôle de metteur en scène. Elle a enseigné à l'école primaire où elle a dirigé plusieurs spectacles et personne ne la déteste. « Il va falloir jongler… », songe Lily.

« Vous êtes sûr de ne pas avoir éliminé Mr Holly pour obtenir le poste ? », lance Dennis Seaton d'un ton badin. Tout le monde lève les yeux au ciel.

2 décembre

BONHOMME DE NEIGE

Comme prévu, une deuxième image anonyme se trouve dans les e-mails de la docteure Harker ce matin, et elle l'a tout de suite transmise à l'inspecteur, sur son téléphone portable.

« C'est un bonhomme de neige », a-t-il répondu.

« Qu'est-ce que cela signifie, à votre avis ? »

« Cela signifie que vous avez trop de temps libre. »

Elle a envoyé un nouveau texto, qui n'a pas été lu.

Les saucisses, sur l'image, pourraient faire référence au Drunken Duck, le pub près de la rivière, pense-t-elle. On y sert souvent des saucisses. À moins qu'il ne s'agisse du boucher du village ? Le bonhomme de neige pourrait être un clin d'œil à la grande armoire à viande réfrigérée que Steve Arning a installée récemment. La boucherie étant plus proche que le pub, c'est là que Harker se rend d'abord. En arrivant, elle trouve la boutique fermée et la porte verrouillée, ce qui est étrange à 11 h. Elle frappe quelques coups hésitants à la porte avant de s'éloigner. Elle entend alors quelque chose qui ressemble à des cris lointains et étouffés. S'agit-il d'un appel à l'aide ?

Alors qu'elle s'apprête à poursuivre son chemin, elle voit Joe Korman qui se dirige vers la boutique. Joe est un homme à tout faire qui travaille pour tout le monde dans le village, même si Harker se souvient qu'il est en froid avec Steve, à cause d'une histoire ancienne. Quelque chose qui s'est passé pendant leur scolarité.

« Dr Harker, que faites-vous ici ? Steve est-il malade ? », demande-t-il sèchement.

« C'est possible. Le magasin est fermé, mais j'entends des cris à l'intérieur », dit-elle.

Joe écoute et reconnaît qu'il entend lui aussi des cris. Après un moment d'hésitation, il sort de son sac un tournevis et commence à forcer la porte d'entrée. Celle-ci s'ouvre et laisse voir un magasin vide. Les cris semblent provenir de l'entrepôt situé à l'arrière. « On dirait que Steve fait des histoires, comme d'habitude », observe Joe d'un ton narquois.

En pénétrant dans l'entrepôt, Harker et Joe réalisent que Steve est sans doute enfermé à l'intérieur de sa nouvelle armoire frigorifique si coûteuse. Il y a plusieurs fermetures compliquées, ainsi que deux grandes tiges d'acier glissées entre elles.

« Comment ça va, Steve ? », demande Joe sur un ton décontracté.

« J-J-Joe... ?, dit Steve d'une voix tremblante. Mais qu'est-ce que tu fais là ? »

« Tu m'as envoyé un message en me demandant de venir », répond Joe.

« Je ne t'ai rien envoyé du tout !, réplique Steve. Mais bon, ça n'a pas d'importance. Sors-moi de là, je suis enfermé ! »

« Steve, je suis la docteure Harker, dit cette dernière. Que s'est-il passé ? »

« Vous êtes là aussi ?, répond Steve, d'une voix encore plus confuse. Je suis entré dans l'armoire pour prendre du gibier, un idiot a fermé la porte et le levier s'est cassé ! Ouvrez-moi, s'il vous plaît, je suis gelé ! »

Harker note que le système d'ouverture est compliqué et qu'il semble avoir été manipulé, mais le temps presse.

« Cela me rappelle quelque chose », dit Joe, soupçonneux.

« Oh, ne recommence pas ! », réplique Steve.

« Avoue, c'est comme pour le bal de Noël au lycée !, s'écrie Joe, la voix chargée de colère. Mais cette fois, c'est toi qui es dans le froid... »

La docteure Harker se souvient. En 2010, le mois de décembre avait été très froid. Une semaine avant Noël, Kim, la mère de Joe, s'était présentée à son domicile avec son fils. Il grelottait et il était tout bleu. « Je l'ai trouvé dans cet état ! J'ai appelé une ambulance, elle est en route. Pouvez-vous m'aider ? », avait supplié Kim.

Le jeune garçon semblait en hypothermie. Harker avait aidé Kim à enfiler à Joe des vêtements chauds et un bonnet, elles l'avaient ensuite enveloppé dans des couvertures avec des bouillottes. À l'arrivée de l'ambulance, il semblait aller mieux, mais il avait mis des mois à se rétablir, et l'incident avait eu un impact sur sa santé.

Aujourd'hui, Joe raconte d'un ton amer ce qui s'était passé alors : « Nous sommes sortis, Steve et moi, pour fumer une cigarette pendant le bal. Il faisait un froid glacial, mais nous voulions juste fumer une cigarette. Steve a fini avant moi et il m'a dit qu'il voulait aller aux toilettes. La porte s'est refermée derrière lui et elle est restée coincée quand j'ai essayé de l'ouvrir. »

La docteure Harker pense qu'ils feraient mieux de se concentrer sur l'ouverture de l'armoire, mais Joe ne veut pas être interrompu. « Personne ne pouvait m'entendre avec la musique, et personne n'est venu me chercher *(il regarde la porte de l'armoire)*, alors j'ai essayé de faire le tour, mais ils avaient aussi fermé les autres pour garder l'air chaud à l'intérieur. J'étais dehors depuis longtemps et la neige tombait fort. Je me suis assis sur le sol gelé, frissonnant de froid, jusqu'à ce que ma mère vienne me chercher. Au moins une heure plus tard. Steve n'a même pas essayé de vérifier si j'allais bien. Il était trop occupé à draguer une fille ! »

« Je pensais que tu étais rentré chez toi, dit Steve, faiblement. Ouvrez la porte, s'il vous plaît ! »

« C'est ce que nous essayons de faire », déclare Harker.

« Pourquoi serais-je obligé de t'aider ? Tu t'es très mal comporté avec moi. Et tu ne t'es jamais excusé. Je crois même que tu as fait exprès de me laisser dehors. » Steve gémit. Une lueur brille dans les yeux de Joe, qui réalise qu'il pourrait utiliser la situation à son avantage. « Allez, dis la vérité ! Avoue que tu m'as laissé exprès dehors ! Si tu avoues, je te sortirai de là. »

Après un silence, Steve prononce ces mots : « OK ! C'est moi qui aie bloqué la porte ! J'ai dit aux autres que tu étais rentré chez toi. Je ne savais pas que tu prendrais froid, je ne voulais pas que tu tombes malade. Je suis désolé, Joe. Je voulais juste que Marie soit à moi. » Marie est la femme de Steve. Joe, à la fois furieux et soulagé, commence à tirer sur les tiges d'acier.

« Attends ! Il faut procéder dans un ordre précis pour ouvrir. » Steve s'affaiblit de minute en minute. « Le code est… est… le jour le plus important… »

Un bruit sourd leur indique qu'il s'est affaissé contre la porte. Il faut trouver le moyen d'ouvrir la serrure. Mais quel est le code à quatre chiffres ?

Vous pourrez ouvrir la porte de l'armoire en procédant dans un ordre précis, mais il faudra d'abord retirer les tiges métalliques. Mais dans quel ordre procéder ? Et quel est le code qui vous permettra d'activer l'ouverture

automatique? (Si vous restez bloqué, reportez-vous à la rubrique « Indice », page suivante.)

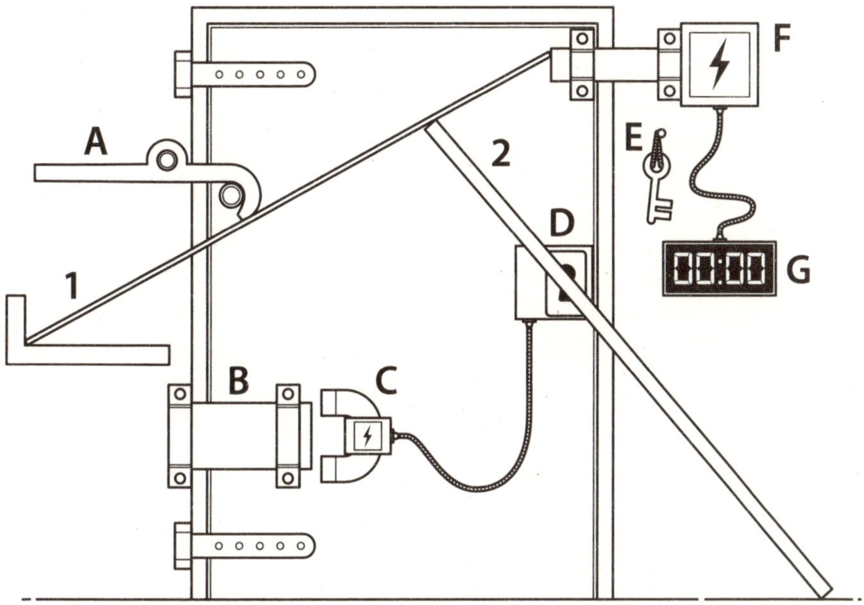

LÉGENDE

1. Tige métallique placée par une personne inconnue
2. Seconde tige métallique

A. Crochet tournant dans le sens inverse des aiguilles d'une montre
B. Plaque transversale coulissant vers la gauche, bloquée par C
C. Aimant
D. Serrure permettant de débloquer C
E. Clé
F. Plaque qui se tire vers la droite
G. Code à quatre chiffres pour débloquer F

« Est-ce une simple coïncidence, inspecteur ? », demande la docteure Harker, alors que les ambulanciers emportent Steve.

L'inspecteur Twelvetrees réfléchit. « Il semble que quelqu'un ait joué avec la porte pour le piéger à l'intérieur, admet-il. Ses deux employés ont des alibis pour l'heure à laquelle Mr Arning pense que cela s'est produit. Et Mr Korman, qui a le motif le plus évident, a aussi un alibi. »

« Alors, il pourrait y avoir un lien avec l'image du bonhomme de neige. Est-ce que l'un de vos informaticiens pourrait savoir qui a envoyé les images ? »

L'inspecteur examine avec curiosité l'une des tiges métalliques. « Je vais me renseigner. En attendant, arrêtez de jouer les détectives amateurs et prévenez-moi quand vous recevez une autre image. »

« Je vous ai prévenu, mais vous n'en avez pas tenu compte. » Twelvetrees n'a rien à répondre à cela.

3 décembre

BOULE DE NOËL

À 8 h, le médecin a reçu une troisième image anonyme du calendrier de l'Avent : une boule de Noël blanche, toute simple. Elle la transmet aussitôt à l'inspecteur Twelvetrees, mais celui-ci ne semble pas comprendre. Presque tout le monde a déjà décoré son sapin…

Mandy Joseph, la responsable du comité, a demandé à la rencontrer autour d'un café pour discuter des « prochaines étapes ». Elle a travaillé dans les relations publiques avant d'ouvrir Candlestow Candles, sur High Street, et elle est très douée pour l'organisation, à défaut d'avoir du tact. « Nous devrions jouer la pièce en hommage à Mr Holly, suggère Mandy dès que la docteure Harker s'assoit. Il me manque terriblement. J'ai même cru l'apercevoir près du parc hier ! Je vais organiser une réception pour faire cette annonce. Lady Miriam a accepté d'y assister pour aider à relancer la pièce. »

Lady Miriam Lancaster est l'aristocrate du village. Les Lancaster possèdent le grand manoir sur la colline depuis huit générations, et Lady Miriam touche un loyer de nombreux habitants de Candlestow. Elle joue aussi, tous les ans depuis vingt-trois ans, le rôle de l'étoile de Noël dans la pièce.

« Aujourd'hui ? Mais nous ne pourrons jamais inviter tout le monde à temps ! Et où organiser la réception ?, demande la docteure Harker. De toute évidence, la salle des fêtes est toujours fermée. »

« Eh bien, Mr Pierce a gentiment accepté de l'accueillir », dit Mandy.

« Whispering John Pierce ??? », s'exclame Harker, un peu trop fort.

Si Lady Miriam est la sainte patronne du village, Whispering John est son pécheur le plus célèbre. Impliqué dans un énorme vol de lingots qui s'est déroulé le lendemain de Noël, il y a des années, ce gangster londonien a fait six ans de prison avant d'être libéré. Clamant partout qu'il s'était amendé, il a écrit dans les années 1990 une série autobiographique dans laquelle il a raconté ses exploits criminels avec force détails. Son emménagement à Poignton House, la plus grande et la plus ancienne maison du village après Lancaster Manor, a provoqué un joli scandale !

« Lady Miriam sera-t-elle heureuse de siroter du vin chaud dans le salon d'un voleur de bijoux condamné ? », demande la docteure Harker.

« Oh, Docteure Harker ! Lady M a probablement côtoyé tous ces gangsters dans les années soixante. Les frères Kray et le biscuitier de McVitie's. »

« Elle est née en 1962 », précise Harker. Cependant, Mandy a peut-être raison en ce qui concerne le comportement de Lady Miriam. Harker sait que, dans les années 1980, Lady Miriam était considérée comme l'enfant terrible de sa famille. Ce qui semble difficile à imaginer aujourd'hui !

Grâce aux talents d'organisatrice que possède Mandy, il a été très vite possible d'obtenir du vin et des amuse-bouches. Et la chorale a accepté d'interpréter quelques chants de Noël. Lorsque la docteure Harker arrive à Poignton House, à 17 h, elle constate que la plupart des habitants du village se sont déplacés, remplissant la grande salle de Poignton House.

Outre les acteurs et tous ceux qui s'occupent de près ou de loin de la pièce de Noël, il y a un échantillon représentatif de la société de Candlestow, des commerçants aux ouvriers, en passant par les personnes les plus aisées du nouveau quartier. Même Valerie Wilde est là, alors qu'elle s'abstient généralement de participer à toutes les occasions sociales, trop occupée à fabriquer ses Wixies (des *pixies* en terre cuite[1]) pour sa boutique ou à rendre visite à sa mère à la maison de retraite.

Lady Miriam trône au centre d'un petit groupe, comme à son habitude, mais chacun prend soin de garder ses distances, comme si elle évoluait dans une bulle invisible. Whispering John s'approche pourtant d'elle en s'esclaffant : « Eh bien, chère Madame, gardez un œil vigilant sur vos oreilles, si vous voyez ce que je veux dire. Sinon je pourrais vous débarrasser de ce joli bijou que vous portez. » Il désigne les boucles d'oreilles en perles. Si l'on en croit son autobiographie, Whispering John devrait son surnom[2] à son habitude de chuchoter à l'oreille des dames pour leur dérober furtivement leurs boucles d'oreilles. Tout le monde rit à cette boutade.

---

1. Les *pixies* sont des créatures légendaires du folklore britannique qui ressemblent à des elfes.
2. Whispering John pourrait se traduire par « John le Chuchoteur ». (NdT.)

Lady Miriam lui sourit royalement en lui tapotant la main. « Je vous en prie, John, elles sont dans ma famille depuis trois générations », ajoute-t-elle gentiment.

« Cela vaut probablement des millions », observe Dennis Seaton en avalant une bouchée de nourriture.

Une fois de plus, la docteure Harker éprouve une sensation étrange et familière, cette fois à propos des boucles d'oreilles. Et lorsque Lady Miriam s'avance pour faire un discours, elle ne peut s'empêcher de regarder ses oreilles.

« Nous avons tous été dévastés lorsque nous avons appris la nouvelle du décès prématuré de Mr Holly, commence Lady Miriam avec sensibilité. Il était très aimé de notre petite communauté et il laisse un grand vide. Mais je sais qu'il aurait voulu que l'Étoile de Noël continue… »

Harker lève alors la main. Lady Miriam la regarde, perplexe, tandis que la foule se tourne vers la docteure.

« Oui, Docteure ? », demande Lady Miriam, hésitante.

« Il manque une de vos boucles d'oreilles », dit brusquement Harker. La foule sursaute, et tous les regards vont de la docteure Harker aux oreilles de Lady Miriam, puis à Whispering John. Pour une fois, il a l'air sincèrement contrarié.

« Mais ce n'est pas moi ! », s'écrie-t-il.

« Suivez-moi, Monsieur », demande l'inspecteur Twelvetrees en s'avançant dans la foule. Harker ne l'avait pas remarqué parmi les invités. Il introduit Whispering John et Lady Miriam dans une pièce voisine, en précisant que personne d'autre ne doit les suivre.

Le chaos règne dans la grande salle, car tout le monde parle en même temps.

« Ce ne peut pas être lui, il s'est rangé depuis des années », affirme Valerie avec tristesse.

« Il a ouvertement dit qu'il allait le faire !, insiste Dennis Seaton, toujours en train de manger. Beaucoup de gens l'ont entendu. »

« C'était une plaisanterie !, dit Valerie. Il serait idiot de déclarer cela et de le faire devant des dizaines de témoins. Lady Whatsherface exagère, comme d'habitude. »

« Elle ne l'a jamais accusé de quoi que ce soit », déclare Mandy Joseph.

La docteure Harker se souvient brusquement que l'image de la boule blanche qu'elle a reçue ce matin dans ses e-mails ressemble à s'y méprendre à la boucle d'oreille manquante. Pendant que les villageois discutent entre eux, elle en profite pour se glisser dans le bureau, où l'inspecteur s'entretient avec Lady Miriam et le criminel présumé. Whispering John a l'air au bord des larmes lorsque la docteure Harker pénètre dans la pièce. Abaissant les yeux, elle voit qu'il tient la boucle d'oreille manquante dans sa main ! Lady Miriam le regarde fixement, le visage impassible.

« Je l'ai trouvé dans ma poche », dit John d'une voix hésitante.

« John Pierce, je vous arrête pour suspicion de vol… », commence l'inspecteur.

Harker intervient : « Inspecteur, s'il vous plaît. Ce n'est pas nécessaire. »

L'inspecteur sursaute et lui jette un regard sardonique. « Docteure Harker, veuillez sortir », dit-il sérieusement.

« J'essaie juste de vous éviter de perdre votre temps. John est innocent et je peux le prouver. »

À la surprise des personnes présentes, la docteure Harker commence à décrocher les cadres des murs.

Comparez les détails du cambriolage dans l'article de journal (pages 34-36) et dans l'autobiographie de Whispering John (page 37). Pouvez-vous trouver les neuf incohérences qui permettent de faire la vérité sur le vol commis et de savoir si John Whispering est ou non impliqué dans ce vol ?

3RD OF DECEMBER

The Christmas Chronicle

Cambriolage

Trois brigands déguisés en rennes dérobent des bijoux pour une valeur de £ 500 000

RÉCOMPENSE £ 5 000

LES FAITS

Hatton Garden a été le théâtre d'un cambriolage exceptionnel. Trois escrocs déguisés en rennes du père Noël ont pénétré dans la joaillerie Hadwell à 2 h du matin et ont réussi à dérober des boucles d'oreilles, des colliers et des pierres précieuses d'une valeur d'un demi-million de livres.

TÉMOIGNAGE

Contrairement aux fidèles rennes du père Noël, les voleurs ont été repérés par un témoin, qui s'est aussitôt adressé à la police pour aider à les identifier. « Un individu présent sur les lieux a eu la gentillesse de se manifester pour nous livrer un compte-rendu du crime, que nous examinerons minutieusement », a déclaré l'inspecteur Broadman, chargé de l'enquête.

RENNES

« J'ai été réveillé par un "Bon Noël" et j'ai regardé par la fenêtre. Il pleuvait, mais j'ai pu voir une personne déguisée en renne qui sortait en courant de la bijouterie, tenant un révolver dans une main et un sac dans l'autre, a déclaré le témoin anonyme. Puis un autre renne est sorti, tenant deux sacs. Une camionnette Bedford était garée le long du trottoir. Quand j'ai vu qu'il n'y avait pas de lumière dans la boutique, j'ai compris ce qui se passait. Le deuxième homme a retiré son masque et j'ai vu son visage ! Je ne pourrai pas vraiment le reconnaître, mais j'ai vu qu'il me lançait un regard menaçant quand il m'a vu. Il a dû comprendre qu'il était temps de fuir. Les hommes ont vite ouvert les portes arrière de la camionnette, ont jeté les sacs à l'intérieur et sont montés à bord du véhicule. Ils ont d'abord foncé sur ma maison, avant de tourner brusquement à droite ! »

ARRESTATION

Selon l'inspecteur Broadman, dès que le témoin aura été interrogé, on peut s'attendre à ce que plusieurs membres du gang finissent l'année en prison…

CONFESSIONS D'UN AS DU CAMBRIOLAGE

J'ai fait le serment de ne jamais révéler le nom de mes complices dans le cambriolage aux rennes, même après leur mort, et je suis un homme de parole. Si vous êtes intelligent, vous pourrez découvrir leur identité en lisant ce livre. Vous seriez alors encore plus intelligent que nous.

Je peux juste dire que l'idée des costumes de rennes ne vient pas de moi. Notre chauffeur a estimé que nous aurions l'air louche si on nous voyait circuler en groupe aussi tard, mais que les passants pourraient se dire que nous rentrions d'une fête si nous portions des costumes.

J'ai piqué une camionnette Transit, dont le moteur est très fiable. Le cambriolage a été un jeu d'enfant et j'ai commencé à briser les coffres à bijoux, attrapant les objets au fur et à mesure et les fourrant dans les sacs que nous avions à portée de main. J'ai été le premier à sortir, un sac dans chaque main, mais la tête du costume me gênait, alors je l'ai enlevée avec ma main libre. Je souffre de claustrophobie parce que mon père m'enfermait dans le placard sous l'escalier quand j'étais enfant. C'est alors que j'ai compris que quelqu'un me regardait et avait pu voir mon visage. J'ai éteint les lumières de la bijouterie et j'ai lancé un « Joyeux Noël », mais je pense qu'il a compris que je ne m'adressai pas à lui…

Mon partenaire a armé son revolver de l'autre main. Lorsque nous sommes arrivés à la camionnette, notre chauffeur nous a dit de nous dépêcher, nous avons ouvert la porte latérale et jeté les sacs à l'intérieur. Nous sommes montés aussitôt, le chauffeur a démarré et a pris un virage serré à droite. Nous sommes rentrés sans nous faire prendre. Il n'y avait pas un cheveu de travers dans ma coiffure. Pourtant, deux jours plus tard, le témoin a réussi à m'identifier…

Une expression de soulagement s'affiche sur le visage de Whispering John. Non pas parce qu'il n'est plus soupçonné d'avoir volé la boucle d'oreille, mais parce qu'une vie de faux-semblants peut prendre fin.

Alors qu'il s'apprête à sortir de la pièce, il s'arrête net. « Vous croyez que ça a un rapport avec l'e-mail bizarre que j'ai reçu ce matin ? On aurait dit une image de calendrier de l'Avent. » Lady Miriam lui lance un regard étonné.

« Un calendrier de l'Avent ? », s'exclame la docteure Harker. Elle n'a parlé de l'image à personne.

« Oui, j'ai reçu l'image d'une boule blanche comme la boucle d'oreille, avec un message disant que je devais révéler mon secret. J'ai cru qu'il s'agissait d'une blague et je l'ai ignorée. »

Harker lance à Twelvetrees un regard significatif, qu'il s'efforce d'ignorer.

« La personne qui a envoyé ce message n'en a peut-être pas conscience, mais je pense qu'elle m'a libéré. » La voix de John tremble, chargée d'émotion.

Avant que quiconque puisse ajouter un mot, Lady Miriam prend la parole en témoignant d'une joie éclatante. « Eh bien, il n'y a eu aucun dommage, après tout ! Retournons à notre fête ! »

Cela ressemble plus à un ordre qu'à une proposition…

4 décembre

SAPIN DE NOËL

La docteure Harker a eu du mal à s'endormir. Tout en se préparant une tasse d'Earl Grey avec deux sachets de thé, elle décide de se ressaisir. Si les choses suivent leur cours, cette bêtise va durer encore vingt et un jour, à moins qu'ils réussissent à identifier le coupable.

Elle se demande cependant quel rôle joue la logique dans l'esprit de la personne qui lui envoie les photos. En ouvrant ses e-mails, elle découvre une autre image de calendrier de l'Avent. L'image d'un sapin de Noël. Elle la transfère aussitôt à l'inspecteur Twelvetrees, puis commence à examiner l'arbre pour y déceler un indice.

L'inspecteur lui répond : « Je sais ce que j'ai dit précédemment, mais ne vous sentez pas obligé de m'envoyer ces images. Après réflexion, je suis sûr qu'il n'y a aucun lien avec les incidents qui se produisent, et je dois poursuivre mon travail de police. »

Elle lui réplique, incrédule : « Mais qu'en est-il du message que Whispering John a reçu ? »

« Il nous a contactés hier soir, disant qu'il s'était trompé », répond-il.

« Vous le croyez ? », demande-t-elle. Mais sa question reste sans réponse.

Très bien.

Elle voit un petit oiseau sur le dessin de l'arbre de Noël, mais elle n'arrive pas à savoir si c'est un miro à front rouge, une perdrix ou même une dinde. Comme elle n'a rien de prévu ce matin, elle décide de visiter la ferme de Michael Finnegan, le fournisseur local de sapins de Noël. Si l'image n'a aucun lien avec lui, il pourra peut-être lui fournir un indice.

La ferme est pleine d'arbres. Pourtant, la plupart des habitants du village ont déjà installé leur sapin. « C'est à cause de ces foutus trucs en plastique, déclare Michael, visiblement découragé. Les gens pensent qu'ils n'auront pas d'aiguilles à ramasser, mais ces faux arbres consomment autant d'eau qu'un vrai sapin et tous ces petits morceaux de plastiques vont rester pour toujours ! » Michael ressemble au stéréotype du bûcheron, sauf qu'il ne porte pas de barbe.

La docteure Harker lui montre l'image de l'arbre et il hausse les épaules. « Aucun indice. Pour moi, on dirait un miro à poitrine blanche », ajoute-t-il en montrant l'oiseau.

« Vous voulez dire un albinos ? », dit Harker.

« Non, c'est une espèce protégée. Certains ornithologues disent en avoir vu à Woollams Woods et il a fallu arrêter un projet immobilier qui avait été engagé là-bas. » Finnegan montre du doigt la direction de l'est et Harker remarque alors la cime d'un énorme sapin de Noël qui dépasse des toits des maisons voisines.

« Qu'est-ce que c'est que cette horreur ? », demande-t-elle avec étonnement.

« C'est le monument de Duncan Testwood, déclare Finnegan. Un sapin de Noël en plastique de 6 m de haut qu'il a installé dans son jardin et décoré avec des boules de la taille d'un ballon. »

La docteure Harker secoue la tête : « Comment a-t-il obtenu l'autorisation d'installer un truc pareil ? »

« De la même manière qu'il a obtenu de Dennis Heaton l'autorisation de construire dans Woollams Woods, j'imagine, répond Finnegan. Il a dû distribuer quelques bouteilles à des conseillers municipaux. C'est méprisable. »

« Mais comment a-t-il obtenu la permission de Lady Miriam ? », s'étonne la docteure Harker.

« Oh, Testwood, Heaton et les autres aiment faire comme s'ils n'avaient pas peur d'elle et, finalement, ils font ce qu'ils veulent, répond Finnegan. Même s'il n'a pas mis de photo sur ses réseaux sociaux, il espère sans doute qu'elle n'a rien remarqué », ajoute Finnegan en lui montrant son téléphone.

« Vous le suivez donc sur les réseaux sociaux ? », demande la docteure Harker avec amusement.

« Je le surveille », dit Finnegan. Soudain, un craquement retentit. Au moment où ils tournant la tête pour regarder dans la direction du bruit, ils constatent avec horreur que la cime de l'arbre a disparu tandis que des cris retentissent. Harker et Finnegan se regardent avec confusion. Un autre craquement, et ils se précipitent vers le domaine de Testwood.

En arrivant, ils constatent que l'énorme faux sapin est tombé et s'est abattu sur le toit de la maison de Testwood. Une fumée noire inquiétante s'échappe de l'énorme trou laissé par cette chute.

Quelques voisins sont également accourus en entendant le bruit. Étonnamment, le portail automatique de Testwood est grand ouvert, ce qui leur a permis d'entrer dans le jardin, malgré l'énorme arbre qui bloque en partie le passage.

« Il y a quelqu'un à l'intérieur ? », demande la docteure Harker.

« J'ai vu la famille sortir il y a une heure, lui a dit Hugh Lobwell, le voisin le plus proche de Testwood. Mais je pense que Duncan est toujours dans la maison. »

Un voisin a déjà appelé les pompiers, mais la fumée est abondante et il sera sans doute trop tard pour Testwood lorsqu'ils arriveront. « J'irais bien tenter de le sortir de là, dit Finnegan, mais l'arbre bloque les ouvertures. Je pourrais essayer de grimper à une fenêtre, mais ce serait dangereux et cela prendrait trop de temps. Il doit y avoir un autre moyen… »

La docteure Harker réfléchit rapidement. « Je crois que la maison a une autre porte là-bas », dit-elle en pointant l'index.

« Impossible, dit Hugh Lobwell, qui est architecte. C'est un bâtiment classé et j'ai vu les plans : il n'y a pas de porte à l'arrière. »

« Aucun règlement n'a jamais arrêté Testwood », rétorque Harker en s'emparant du téléphone de Finnegan. Elle fait défiler des images sur l'écran avat de s'arrêter sur une photo qu'elle a vue sur le compte de Testwood.

« Regardez, cette vue a clairement été photographiée à travers une porte, et elle ne peut avoir été prise que depuis un point particulier… »

Aidez Harker à trouver rapidement la porte secrète qui lui permettrait de sauver Duncan Testwood. Celui-ci a pris une photo de son jardin depuis cette porte. Pouvez-vous utiliser les décorations de Noël installées dans son jardin pour trouver l'endroit d'où la photo a été prise ?

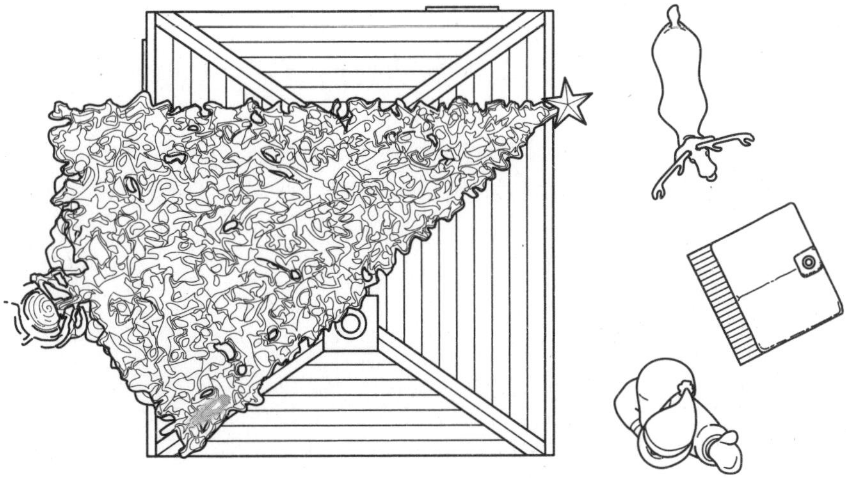

Finnegan a réussi à trouver la porte secrète pour pénétrer dans la maison, dont il est sorti en portant le corps Testwood, inanimé mais respirant encore. Harker a examiné la victime. Quelques minutes plus tard, les pompiers et une ambulance sont arrivés. L'ambulancier confirme que, si Testwood était resté plus longtemps à l'intérieur, il aurait pu subir des dommages irréparables.

Pendant ce temps, Harker examine avec attention les attaches qui maintenaient debout l'énorme sapin de Noël debout. Elle n'est pas experte en la matière, mais deux d'entre elles semblent avoir été délibérément coupées…

5 décembre

SANTA CLAUS

La première alarme sur le téléphone de la docteure Harker, le matin du 5 décembre, ne provient pas de sa messagerie. C'est un texto de Twelvetrees : « Qu'avez-vous vu chez Testwood ? »

Elle répond : « Quelle importance ? Je pensais que les photos du calendrier de l'Avent ne méritaient pas l'attention de la police… »

Aucune réaction. Peu après, une nouvelle image du calendrier de l'Avent arrive : le Père Noël. Ou Santa Claus, comme ont dit aujourd'hui. Beaucoup de gens trouveraient sans doute cette image sans grand intérêt, mais pour Harker, elle ne peut se rapporter qu'à une seule personne dans le village : Albert Noakes.

Noakes est l'un des gardiens du parc de Candlestow, un magnifique espace vert au centre du village, encore plus féerique lorsqu'il est recouvert de neige et illuminé par les guirlandes scintillantes de Noël. Noakes est envisagé comme l'un des pires aspects du parc. Contrairement à Mr Holly, que tout le monde adorait à Candlestow, Noakes a tout du vieux lutin caractériel qui vous crie dessus si vous déplacez accidentellement un seul brin d'herbe.

Par tous les temps, il rôde dans le parc, vêtu de son grand manteau noir, de son écharpe et de ses gants. Il refuse de s'occuper des magnifiques parterres de fleurs du parc et on le trouve le plus souvent près du terrain de boules ou des arbres. Il ne sent pas très bon.

Plusieurs fois, il a été question de le licencier, mais cela n'a jamais abouti, pour deux raisons. D'abord, malgré son humeur renfrognée et le fait qu'il sente vraiment mauvais, il travaille toujours assez pour justifier son salaire. Ensuite, c'est lui qui figure Santa Claus au moment de Noël. Sa présence grincheuse et acariâtre qui hante le parc toute l'année semble s'effacer dès qu'il revêt le costume. À sa place, on peut voir un homme jovial sentant bon la cannelle, n'ayant que de la joie et de la bonne volonté à offrir à tout le monde. Tous les matins, pour les enfants qui rendent visite à Santa Claus, il prépare des gâteaux au sirop d'érable (pour remplacer le miel, apparemment pour des raisons de santé). Au départ, on lui a confié ce rôle parce que l'ancien Santa Claus devait prendre sa retraite. Mais aujourd'hui, les fêtes de Noël ne seraient pas aussi joyeuses sans sa grotte installée sur la place du village.

La docteure Harker se dirige aussitôt vers l'antre d'Albert Noakes, mais elle se voit interceptée une fois de plus par Mandy Joseph, qui se plaint que Dennis Seaton ne cesse de troubler l'organisation de la pièce. Il a été choisi, sans l'accord de Mandy, pour jouer le rôle du méchant Lord Frost et il exige des costumes et des accessoires somptueux pour « vraiment entrer dans le rôle ». Pour la docteure Harker, c'est juste une façon de se donner de l'importance et de se mettre en valeur. En réalité, elle pense que le comportement de Mandy et des autres membres du comité sont plus préjudiciables à la qualité de la pièce. Un don anonyme a été versé au fonds annuel servant à organiser la représentation, et le comité semble déterminé à utiliser cet argent pour rendre le spectacle aussi grand public et « commercial » que possible, ce qui est contraire à ce que souhaitait Mr Holly. Elle s'apprête à dire à Mandy ce qu'elle pense de tout cela, mais son côté rationnel l'emporte : à ce stade, elle doit d'abord aller voir Santa Claus.

Sa décision se révèle être la bonne. En pénétrant sur la place, elle voit une immense file d'enfants et de parents serpenter sur les pavés, et personne ne semble autorisé à pénétrer dans la grotte. Dehors, Phil Fromer, le neveu de Millicent, l'une des membres du comité, qui a l'air tout à fait ridicule dans son costume d'elfe trop petit, essaye de gérer l'impatience des visiteurs. « Je suis désolé, mais Santa Claus fait une pause. Je vous préviendrai dès qu'il sera prêt… »

Repérant la docteure Harker, il lui fait signe d'un air paniqué et la conduit hors de portée de voix des parents. « Dieu merci, vous êtes là ! Santa Claus, je veux dire Mr Noakes, s'est figé au milieu d'une discussion et s'est mis à chuchoter : "Sortez." Maintenant, il ne veut plus laisser entrer personne. Il a l'air très contrarié et répète sans cesse : "Sortez, sortez." Cela dure depuis une demi-heure ! »

La docteure Harker pénètre prudemment dans la grotte. À l'intérieur, Mr Noakes est assis dans son costume de Santa Claus, mais son visage habituellement rayonnant semble terrorisé et il transpire abondamment.

« Mr Noakes, que se passe-t-il ? », demande-t-elle doucement.

« Dans la barbe, murmure-t-il en serrant les dents. Il va me tuer. Sortez, il ne faut pas qu'il s'agite. »

La docteure Harker s'approche de Mr Noakes et observe son costume de Santa Claus. Posant ses yeux sur la fausse barbe, elle voit tout de suite qu'il y a un problème et se retire pour parler à Phil Fromer. « Il y a quelque chose qui bouge dans sa barbe », dit-elle. Elle a remarqué que Santa Claus porte toujours un Epipen dans sa poche. Selon elle, une créature potentiellement mortelle s'est cachée dans la fausse barbe de Mr Noakes. Terrifié, ce dernier n'ose plus bouger de peur de se faire attaquer au risque d'être tué. Mais de qui peut-il s'agir ? La docteure Harker essaie de passer en revue les différentes possibilités.

Il y a quelque chose dans la barbe de Mr Noakes que celui-ci considère comme dangereux. En gardant à l'esprit ce que vous savez de lui et de son comportement, essayez de trouver quelle créature est la plus susceptible de se cacher dans sa barbe ?

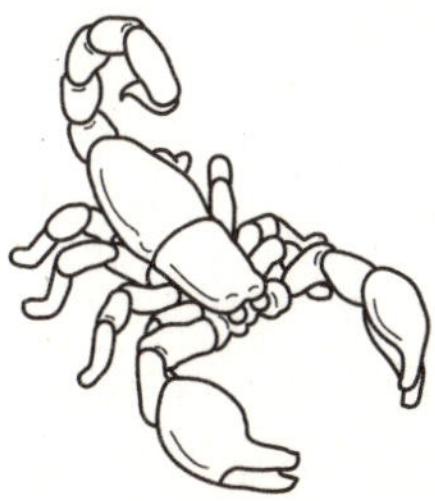

Scorpion

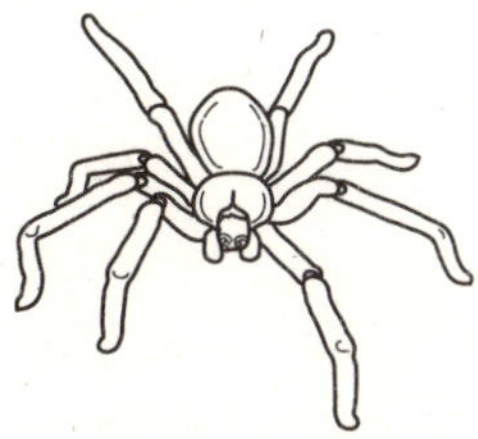

Araignée

Serpent

Abeille

Souris

Quand la docteure Harker découvre que ce qui se cache dans la barbe de Mr Noakes ne présente aucun risque pour elle ni d'ailleurs pour la plupart des personnes présentes dans la pièce, elle arrache tout de suite la barbe et s'assure que son contenu ne s'échappera pas avant qu'elle ait eu le temps de sortir de la grotte.

Après cette épreuve, elle se dit que Mr Noakes va renoncer à recevoir d'autres visiteurs, mais il retrouve vite sa jovialité habituelle, ce qui réjouit la foule.

Plus tard dans la journée, quand Mr Noakes a fini son service, Harker a une conversation avec lui et découvre que, comme Whispering John, il a reçu une image par e-mail le matin même. Il confie à Harker son secret : il souffre d'une allergie. « J'adore les plantes, mais c'est dangereux pour moi d'être tout le temps dans le parc, dit-il. Je sais que je passe pour un grincheux, mais j'ai toujours peur de me faire piquer. Cependant, si je dis que je suis allergique, je risque de perdre mon emploi tout de suite, j'en suis sûr. »

Ce qui préoccupe le plus Harker, c'est que non seulement la personne qui lui envoie les images fait courir un danger à certaines personnes, mais qu'elle semble même risquer de les faire mourir. Le secret de Mr Noakes est inoffensif. S'il a été harcelé pour quelque chose d'aussi bénin, n'importe qui dans le village peut être pris pour cible…

6 décembre

ANGELOT

La docteure Harker a pris le temps d'appeler Twelvetrees et il a décroché. Rien ne semble l'étonner : « Quelqu'un se retrouve avec une abeille dans sa fausse barbe et vous voudriez que ce soit un meurtre, n'est-ce pas ? »

« Une abeille en plein hiver, sans doute récupérée dans les ruches de la Hudson's Honey Farm, cela ne vous surprend pas ? » répond-elle, incrédule.

« Vous connaissez l'apophénie. Il s'agit de trouver des modèles dans des informations aléatoires. Comme vous êtes médecin, vous devriez peut-être vous diagnostiquer », dit l'inspecteur d'un ton moqueur.

« C'est moi qui vous aie appris ce mot, réplique Harker. Et aussi cette phrase : "Respectez vos aînés"… »

L'inspecteur finit par accepter, à contrecœur, d'examiner les photos du calendrier. Mais il raccroche délibérément avant qu'elle puisse lui parler de la dernière image reçue. C'est un angelot de Noël. La docteure Harker estime que cela peut représenter plusieurs choses. Elle espère seulement qu'Avent (comme elle surnomme le farceur anonyme et meurtrier potentiel) n'a pas l'intention de s'en prendre à un enfant.

L'indice clé est que l'angelot semble tenir un sac d'argent. Pressée par le temps avant la dernière répétition de la pièce, la docteure Harker décide de se rendre chez Jingle's Belles, une boutique sur High Street qui vend des décorations de luxe. Si quelqu'un se fait de l'argent avec les petits anges, c'est bien Jennifer Jingle Harpenden.

Le magasin déborde d'angelots scintillants, de rennes, de bonshommes de neige et de mille autres décorations de Noël. L'effet est hallucinant. Jingle est une femme minuscule s'apparentant à un lutin et dont les tenues ressemblent à celles de ses décorations, mais elle ne s'habille jamais en ange pour autant que la docteure Harker le sache. Cette petite femme a un sens du commerce tellement développé qu'elle ne fait jamais attendre un client. Jaillissant comme par magie de ce bric-à-brac, elle s'avance vers Harker : « Bonjour Docteure ! Vous venez chercher quelque chose pour votre arbre de Noël ? », demande-t-elle d'une voix joyeuse.

Tout le magasin se met à vibrer, comme agité d'un tremblement de terre. Jingle et Harker savent que c'est Peter Van Nuys, le bon à rien du village, aspirant DJ et personnalité insupportable, qui dévale la rue dans son énorme camionnette Transit équipée de haut-parleurs et portant l'inscription « DJ VAN NOISE » peinte à la bombe sur le côté. « Apparemment, si Van Nuys est allergique aux abeilles, il n'a pas les oreilles fragiles ! », pense Harker Quand les tremblements ont cessé – la docteure a fermé les yeux, comme pour empêcher les bruits de pénétrer dans sa tête –, elle montre à Jingle l'image de l'ange.

« Oh, il est trop mignon ! Je suis trop occupée pour faire des décorations sur mesure cette année, mais je suis sûre d'avoir quelque chose qui lui ressemble au fond du magasin... » Jingle semble sincère en ne reconnaissant pas l'angelot, et Harker n'a pas le temps d'essayer de découvrir subtilement si son interlocutrice est susceptible d'avoir des secrets qui pourraient faire d'elle la cible d'une personne malveillante. Elle envisage brièvement de lui poser la question, mais décide qu'il vaut mieux qu'elle aille à la répétition technique. L'accès à la salle des fêtes a finalement été autorisé par la police et le comité n'a pas perdu son temps pour remettre la production sur les rails.

La docteure Harker pensait profiter de la répétition pour réfléchir à l'image de l'ange, mais à peine est-elle entrée dans la salle qu'elle entend des cris et une agitation générale. Elle se précipite vers la scène pour voir Dennis Seaton hissé dans les combles, dans son costume de Lord Frost. Il est équipé d'un harnais avec un système de cordes pour donner l'illusion qu'il vole au-dessus de la scène.

Mais là, il ne vole pas : il est coincé très haut dans les combles, et Harker peut voir qu'il risque d'être transpercé par les pointes d'un gigantesque dragon de glace. Les autres années, Lord Frost était toujours hissé avec un dispositif que l'on activait manuellement, mais ce dernier a été remplacé par un système électronique, les cordes et les poulies étant contrôlées automatiquement par un programme informatique.

Seaton est manifestement en danger et lance une rafale de mots qui n'ont aucune chance de figurer dans le scénario de la pièce. Lily Franzen, la nouvelle metteuse en scène et la plus compétente du groupe sur le plan technique, tape frénétiquement sur l'ordinateur. La docteure Harker devine son inquiétude, car les cordes émettent un gémissement assez fort qui laisse entendre que leur tension est telle qu'elles risquent de lâcher d'un moment à l'autre. Le reste de la troupe court dans tous les sens, essayant d'empiler les costumes et les accessoires les plus souples sous Seaton.

« Celui qui a suggéré de laisser Seaton installer cette &#%!@?# chose devrait avoir sa &#%!@?# tête enfoncée dans son &#%!@?# ?!!& », hurle Franzen, qui jure plus que Seaton, sauf lorsqu'elle enseigne à l'école primaire locale.

La docteure Harker voit que les symboles habituels sur l'écran ont été remplacés par des images d'anges, et comprend alors que Seaton est sans doute le donateur anonyme de la pièce – d'où ses exigences ridicules, et le fait qu'il ait été pris pour cible par celui que Harker appelle désormais Avent.

Cependant, cette dernière doit tout de suite trouver un moyen de sortir Seaton de ce mauvais pas avant qu'il ne connaisse une fin désastreuse. Et elle croit déceler un motif dans le dessin des anges…

Dennis Seaton est coincé dans les combles et risque de tomber ou de se faire transpercer par le décor. L'ordinateur de contrôle a été trafiqué et n'affiche plus que d'étranges symboles. Vous pouvez voir en haut les deux symboles qui ont déjà été utilisés. Pouvez-vous trouver l'angelot sur lequel vous devez appuyer pour faire redescendre Seaton en toute sécurité ?

A

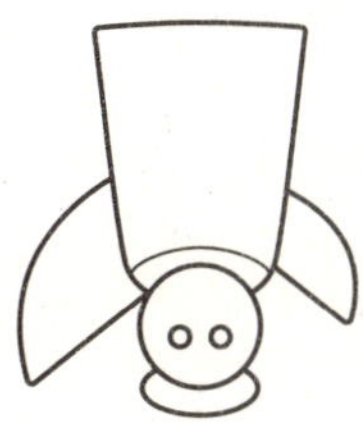

B

C

D

La docteure Harker appuie sur la bonne image à l'écran, et Seaton est ramené près du sol, suffisamment bas pour que le reste de la troupe puisse le libérer de son harnais. Il n'a pas un mot de remerciement, mais se dirige vers l'ordinateur pour regarder l'écran.

« Qui a fait ça ?, demande-t-il à voix haute. Est-ce que ça a un lien avec l'e-mail tordu que j'ai reçu ce matin, avec l'image d'un angelot ? »

La docteure Harker n'aime pas beaucoup Seaton, mais elle juge qu'il vaut mieux lui dire la vérité plutôt que de le voir répandre la nouvelle dans tout le village. Elle le prend donc à part et le met au courant des messages du calendrier de l'Avent. Seaton est peut-être un vantard, mais elle sait qu'il peut garder un secret, et même qu'il adore en savoir plus que tout le monde.

« Il s'agit probablement d'un jeune du quartier. Je travaille avec des ordinateurs, mais ces jeunes sont comme des cyborgs. Et ils sont trop mous pour affronter les gens en face. Alors, ils sont capables de faire des choses de ce type. Cela ne vaut pas la peine de s'inquiéter. »

Avec un dernier soupir et apparemment sans se laisser décourager, il se dirige vers la scène en bougonnant. Elle aimerait pouvoir faire comme lui.

7 décembre

TRAÎNEAU

La docteure Harker est réveillée par un nouvel appel de Twelvetrees. Elle se dit que son désintérêt pour l'affaire Avent est de moins en moins convaincant.

« Je serai au village aujourd'hui pour interroger quelques personnes de manière informelle, commence-t-il, avant de se montrer très ferme : J'ai besoin que vous restiez à l'écart. »

La docteure Harker est trop habituée à ce que l'on s'adresse à elle de cette façon pour s'en offusquer. « Dans ce cas, vous devez me dire qui vous allez interroger, dit-elle. Sinon, je ne suis pas sûre de pouvoir vous éviter. » Après tout, elle a des courses à faire pour la pièce et elle ne va pas rester enfermée toute la journée pour éviter de tomber sur des suspects. Twelvetrees insiste sur le fait que les personnes qu'il interroge ne sont pas des suspects, mais ne révèle pas leurs noms. Si elle le voit avec quelqu'un, il souhaite simplement qu'elle se tienne à l'écart, explique-t-il, avant de raccrocher.

L'éléphant dans la pièce, bien sûr, c'est la docteure Harker, qui ne se contente pas de récupérer les nouveaux programmes de l'Étoile de Noël, mais qui va aussi essayer de trouver, et peut-être de sauver, la personne à laquelle se réfère l'image du jour. Il s'agit d'un traîneau, avec ce détail inhabituel : une personne semble être coincée dessous.

Bien sûr, dans un village comme Candlestow, avec ses routes sinueuses et beaucoup de personnes riches et imprudentes qui vivent dans la campagne alentour, il y a eu de nombreux accidents de la route au cours des décennies. La docteure Karker a même soigné plusieurs victimes de ces conducteurs négligents. Elle sait qu'elle ne peut pas montrer aux gens l'image d'un traîneau en disant : « Je suppose que personne n'a pris contact avec vous pour vous parler du jour où vous avez heurté Madame Machin en faisant une marche arrière sur le parking du supermarché. » Elle se dit qu'elle doit avant tout rester attentive.

L'inspecteur n'a pas encore donné signe de vie tandis qu'elle traverse le village au volant de sa MINI Cooper, vieillissante mais bien entretenue. Le temps se rafraîchit et les rues sont surtout occupées par les touristes, de plus en plus nombreux, qui admirent les curiosités et louchent sur les boutiques agréablement éclairées. Elle aurait bien marché jusqu'à l'imprimerie, mais elle estime à juste titre qu'elle ne pourra probablement pas transporter cinq cents programmes de théâtre dans son sac réutilisable.

En pénétrant dans le magasin de Ghulam Zubair, la docteure Harker croise Mr Flowers. L'air grognon, ce dernier sort de la boulangerie voisine de Practo-Print, et le bun fourré qu'il tient à la main ne semble pas avoir amélioré son humeur. Mr Zubair rentre dans son magasin, où il a déjà emballé les programmes. Harker note que sa bonne humeur habituelle semble légèrement altérée. L'inspecteur serait-il passé par là ?

« Désolé, docteure Harker, dit Mr Zubair, conscient qu'elle a remarqué son humeur. Je n'aime pas médire dans le dos des gens, mais ma femme vient de recevoir Mr Flowers, qui s'est plaint du gâteau qu'elle lui a préparé. Si quelqu'un demande une décoration de Noël au téléphone, il sait ce que nous mettons sur le gâteau. Mais, apparemment, ma femme aurait dû savoir qu'il s'agissait juste d'écrire le mot "Noël" ! »

La docteure Harker acquiesce avec sympathie, mais la mention de Mr Flowers éveille en elle un souvenir. Il y a onze ans, Thomas Flowers et sa femme, Roberta, ont été impliqués dans une collision mortelle sur l'une des routes au nord du village. Ils revenaient en voiture d'une fête de Noël organisée par des amis, lorsqu'ils ont renversé une retraitée, Edith Gummer. Ils avaient tous les deux bu et Roberta, qui conduisait apparemment, n'avait aucun souvenir de l'incident.

Roberta a passé sept ans en prison à cause de cette affaire, tandis que Thomas a été condamné avec sursis. Les rumeurs selon lesquelles c'était lui qui conduisait ont persisté pendant plusieurs années, mais elles n'ont pas réussi à lui faire quitter le village. Il a toujours affirmé que c'était sa femme qui conduisait, mais les habitants ont remarqué que, depuis l'accident, il conduit avec une extrême prudence, parfois avec une lenteur atroce.

La docteure Harker décide de lui parler de l'image. Compte tenu de son rythme habituel, elle pense pouvoir le rejoindre en voiture avant qu'il arrive chez lui – sa maison se trouve environ à 200 m. Mais impossible de le retrouver. Harker poursuit ses courses avant de tomber, chez le marchand de légumes, sur l'un des derniers amis de Flowers, Kenny Green, qui a l'air légèrement choqué. « Avez-vous vu Thomas aujourd'hui ?, demande la docteure Harker. Je voudrais lui parler. »

« Vous allez devoir aller à l'hôpital, dit Green, d'une voix encore choquée. Les freins de sa voiture ont lâché et il s'est écrasé contre une haie. Comme il ne roulait pas vite, il a seulement été blessé, mais c'est suffisamment grave pour qu'il soit transporté en urgence à l'hôpital Queen Elizabeth, dans la ville voisine d'Acmouth. »

Se donnant juste le temps de prononcer quelques mots rassurants pour Green, Harker s'empare de son panier de légumes et se précipite vers sa voiture. Elle déteste utiliser sa position d'ancien médecin généraliste, mais elle considère qu'elle mène son enquête dans l'intérêt de tous. Elle se rend donc à l'hôpital pour voir Flowers, dans l'espoir de découvrir ce qui s'est passé.

Lorsqu'elle arrive, elle se trouve nez à nez avec Twelvetrees. Elle lui a en effet envoyé l'image du jour reçue par e-mail, même si l'inspecteur semble lui reprocher de se mêler du travail de la police, et il n'a pas l'air ravi de la voir. « Je croyais vous avoir dit de vous tenir à l'écart », dit-il en grimaçant.

« Vous m'avez dit de me tenir à l'écart éviter des "non-suspects" que vous vouliez interroger, réplique Harker en le dépassant pour entrer dans les salles. Thomas Flowers était-il sur votre liste ? Parce qu'il est certainement sur celle d'Avent. »

« Nous n'appelons pas cette personne Avent ! », dit l'inspecteur d'un ton sec.

« Quelle personne ? La personne anonyme qui n'est liée à aucun de ces incidents dus au hasard ? », répond Harker d'un ton ironique. Puis elle marque une pause. Elle ne veut pas que leur relation prenne cette tournure. Elle le regarde et lui dit. « Écoutez, Peter. Je sais que vous subissez probablement des pressions de la part de vos supérieurs pour fermer les yeux sur les photos. Ils ont sans doute eux-mêmes reçu des pressions de la part d'une personne bien placée qui a besoin que le village semble sûr. La ligne officielle, c'est qu'il s'agit d'une série d'accidents malheureux et sans rapport les uns avec les autres. Mais le moyen le plus rapide de résoudre ce problème est de trouver la personne qui m'envoie ces photos. Vous n'êtes pas d'accord ? »

L'air un peu plus aimable, il hausse les épaules en signe d'assentiment. « D'accord, mais ne m'appelez pas Peter. Je suis l'inspecteur Twelvetrees. » Il explique brièvement ce qu'il sait. Un policier ayant des connaissances en mécanique a examiné la voiture sur le lieu de l'accident, il a découvert que la conduite de frein a été coupée et que le circuit de freinage a perdu tout son liquide. Donc les freins n'ont pas fonctionné. À cette nouvelle, la docteure Harker applaudit avec enthousiasme. L'inspecteur lui lance un regard sombre.

« Mais ne voyez-vous pas que, si nous réussissons à trouver quand et où les freins ont été sabotés, nous pouvons découvrir qui a eu l'occasion de faire ça ! »

Apparemment, Mr Flowers est toujours inconscient, mais la police a pu retracer ses déplacements grâce aux nombreux conducteurs agacés qu'il a contraints à rouler comme des escargots aujourd'hui. Il ne reste plus qu'à déterminer quand le sabotage a eu lieu…

En vous basant sur votre connaissance des lieux que Thomas Flowers a parcourus et du temps qu'il a mis pour le faire, ainsi que sur les informations relatives aux freins, déterminez à quel endroit ces derniers ont été sabotés.

LÉGENDE

1. Salle d'exposition de véhicules anciens
2. Marchand de légumes
3. Musée du Jouet et boutique
4. Boulangerie
5. Maison de Dennis Seaton

- Il a fallu 10 minutes pour que les freins lâchent.
- 1-2 (800 m) : Mr Flowers roulait à 30 km/h.
- 2-3 (1,5 km) : il roulait à 35 km/h.
- 3-4 (3 km) : il roulait à 31 km/h.
- 4-5 (2,4 km) : il roulait à 37 km/h.

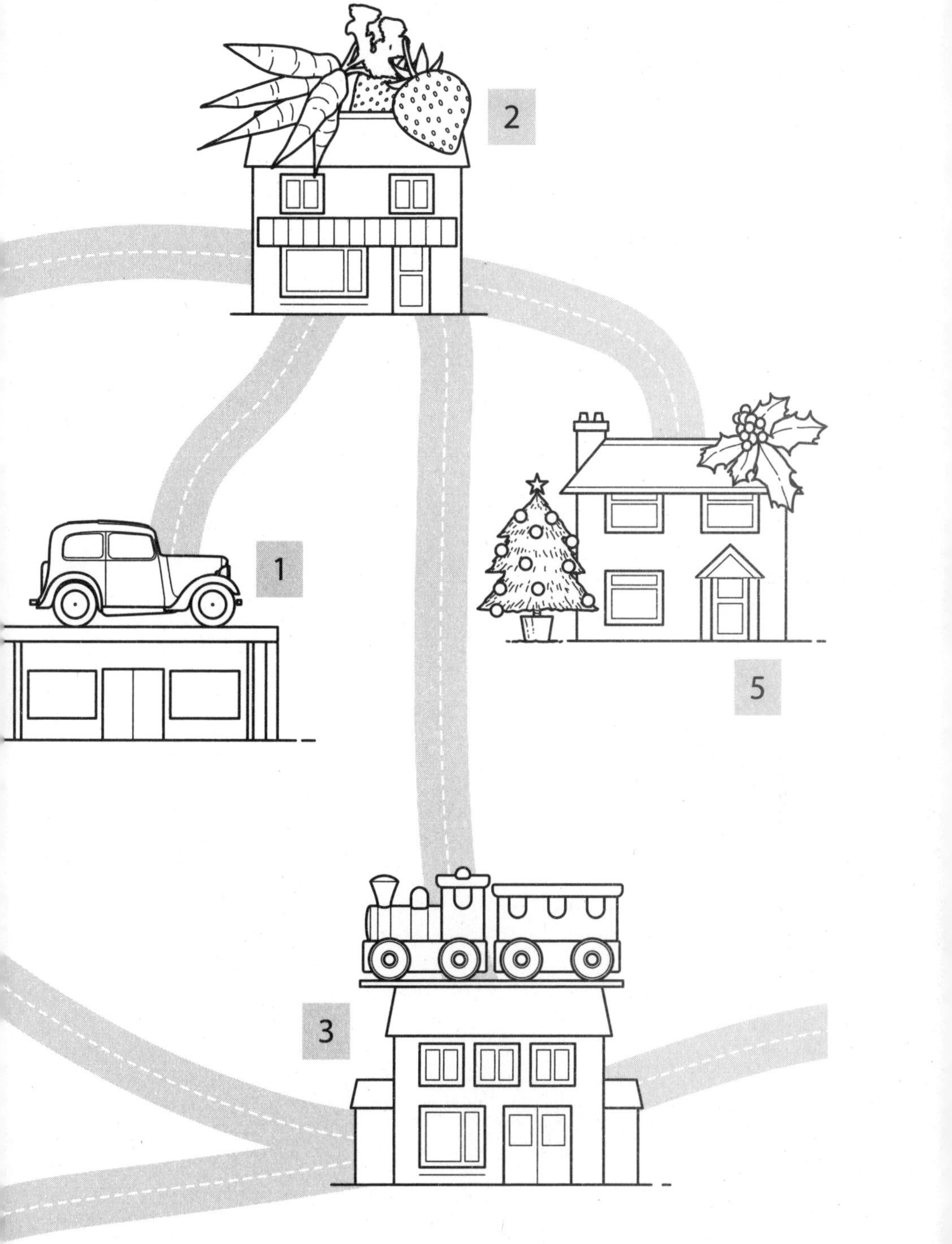
2
1
5
3

L'inspecteur Twelvetrees admet que le raisonnement de Harker est logique. Il s'entretiendra avec les personnes susceptibles d'être présentes quand les freins ont été sabotés pour savoir si elles ont vu ou entendu quelque chose.

Commençant à céder, apparemment contre son gré, il dit à la docteure Harker : « À partir de maintenant, quand vous recevrez ces photos, vous devrez me les envoyer directement et ne plus rien faire. » Il y a comme un avertissement dans sa voix quand il prononce les derniers mots.

« Vous admettez donc que ces images sont importantes ? », répond-elle.

Il secoue la tête en signe d'agacement. Mais elle pourrait jurer qu'il essaye de dissimuler un sourire.

8 décembre

GÂTEAU DE NOËL

L'image du gâteau qui apparaît dans les e-mails de la docteure Harker lui arrache un sourire, mais c'est un sourire forcé face à l'humour sinistre d'Avent. Elle transmet consciencieusement l'image à l'inspecteur Twelvetrees, puis se lance dans le ménage de sa maison.

Trente minutes plus tard, elle reçoit ce message : « Qu'est-ce que vous en dites ? »

Elle écrit : « Je pensais que vous m'aviez demandé de vous envoyer l'image et de ne plus m'en mêler. »

Il répond : « Ne soyez pas mesquine. Nous voulons tous les deux attraper cette... personne. C'est encore un gâteau, vous comprenez pourquoi ? »

« Techniquement, le premier n'était pas un gâteau, mais une bûche de Noël. »

Il réplique : « S'il vous plaît, arrêtez de pinailler et dites-moi ce que vous pensez. »

Il n'a pas l'air de se rendre compte de l'importance de ce détail, songe Harker. Avant de se rappeler qu'il a été absent pendant plus de vingt ans. Elle doit donc lui accorder le bénéfice du doute. « Aujourd'hui, c'est le Concours de Pâtisserie, écrit-elle alors à Twelvetrees en envoyant un lien vers la page qui annonce l'événement sur le site Internet du village. Il y aura beaucoup de gâteaux. »

L'image d'Avent est vraiment diabolique. Envoyer des images de sapins de Noël et de traîneaux relève assurément de la provocation en cette saison, mais concevoir de commettre un crime avec un gâteau précisément le jour consacré aux gâteaux à Candlestow, cela revient à chercher une aiguille dans une botte de foin.

Le Concours de Pâtisserie (les majuscules sont requises) est, certes, le grand défi culinaire local, mais c'est aussi une source de financement conséquente pour monter la pièce de Noël, grâce aux frais d'inscription et à la vente des gâteaux. Comme l'offrande d'un donateur « anonyme », en l'occurrence Dennis Seaton, a permis de couvrir l'essentiel des dépenses cette année, le comité a décidé d'offrir les recettes du Concours de Pâtisserie à une association caritative en lien avec la fin tragique de Mr Holly. Malheureusement, en raison des fêtes de fin d'année qui ont retardé l'enquête, on ignore les causes de son décès, et l'argent des gâteaux sera réservé sur un « Fonds Holly » pour être redistribué plus tard.

L'inspecteur admet être coincé dans cette affaire. Le surintendant principal a clairement indiqué qu'il « considère que les ressources de la police pourraient être mieux employées ailleurs ». Après tout, des incidents comme une sortie de route ou des problèmes techniques durant une répétition, sans oublier la panique d'un homme souffrant d'allergie, sont courants dans des villages comme Candlestow! Twelvetrees s'arrête pour respirer profondément avant de poursuivre : « Mais il a laissé également entendre que, si quelque chose de grave devait se produire, "des têtes tomberaient". »

Clairement, Lady Miriam l'a informé qu'elle ne veut pas qu'on sache ce qui se passe ici. « Mais vous devez aussi essayer d'empêcher qu'un drame se produise. »

« Candlestow n'attire plus autant de touristes qu'avant, mais on fait encore beaucoup d'affaires dans cette région. Je pense que nous devrions proposer d'annuler le Concours de Pâtisserie, par sécurité. »

« Vous plaisantez ? Certains habitants se préparent depuis un an. Si vous essayez d'empêcher le concours, les gens devineront qu'il se passe quelque chose. »

La docteure Harker sait que la situation ne pourra pas rester cachée très longtemps, car plus de sept personnes du village ont déjà reçu des photos. Mais comme les gens qui connaissent l'existence du calendrier de l'Avent risquent de s'affoler, et donc de provoquer d'autres problèmes, elle et Twelvetrees décident d'assister au concours et de rester très vigilants.

Comme il exige de disposer de plusieurs fours, le Concours de Pâtisserie est l'un des rares événements organisés par le comité qui ne se déroule pas dans la salle des fêtes, mais à l'Institut des Femmes, à l'autre bout du village, où il y a une école de pâtisserie. Pour être honnête, il faut préciser que ce lieu neutre est préféré afin de limiter les pouvoirs du comité, qui fait tout ce qu'il peut pour que sa forêt-noire remporte le premier prix.

Si l'inspecteur, un peu plus tôt, semblait avoir oublié l'existence du Concours de Pâtisserie, son expression en pénétrant dans la salle, où dominent des parfums sucrés recouvrant d'autres parfums sucrés, suggère clairement que le souvenir lui est revenu. L'ambiance est très tendue – à peu près aussi crispée que celle qui régnait à la cour du roi de France sous la Renaissance ou à celle d'Angleterre sous Elizabeth Ire, même si la sanction pour un faux pas se limite ici à voir son gâteau boudé par les visiteurs, et non pas à se faire couper la tête. Pour sa part, la docteure Harker trouve bien suffisant d'être impliquée dans toute cette histoire, dont elle se passerait bien.

Les nombreux participants affluent depuis le matin. Le règlement stipule que tous les types de gâteaux sont acceptés, à condition que les concurrents utilisent les ingrédients fournis par le village : tous utilisent la même farine, le même chocolat, les mêmes raisins de Corinthe, etc. Quand l'inspecteur et le médecin entrent dans la salle, les gâteaux sont déjà exposés, prêts à être goûtés avant que le gagnant soit désigné à l'issue d'un vote anonyme. Twelvetrees et Harker déambulent dans la salle et discutent avec les visiteurs et les participants : des membres du comité des fêtes, comme Mandy Joseph et Millicent Fromer, ou des passionnés de pâtisserie, comme Phaldut Akhtar et Polly Walgrave (Harker note toutefois avec ironie que les sœurs Hunnam ont décidé de ne pas participer…). La plupart des discussions portent sur les gâteaux. Seules quelques personnes évoquent le fait qu'elles pensent avoir vu Mr Holly se promener dans le village. Repérer le fantôme du vieil homme semble devenir à la mode.

Mr Akhtar est en train d'expliquer à un visiteur comment il a obtenu un gâteau aussi délicieux avec uniquement des amandes moulues, des œufs en poudre et du chocolat, lorsqu'il semble souffrir soudainement d'une douleur à l'estomac qui le plie en deux. À peine a-t-on réussi à le faire asseoir que Tom Hull, le propriétaire de la boutique d'encadrement, est lui aussi pris de malaise, brisant quelques assiettes en s'effondrant sur une table. Au même moment, Josie Karabedian est sortie des toilettes par sa fille, qui l'a découverte presque inconsciente. La docteure Harker commence aussitôt à examiner les victimes.

Les trois malades, dont une seule participante, sont toutes très pâles et transpirent abondamment. Cela ressemble à un empoisonnement…

« C'est sans doute un des gâteaux, chuchote l'inspecteur Twelvetrees à la docteure Harker. Qu'ont-ils mangé ? »

Mais tous ont mangé des gâteaux différents. Et ils n'ont consommé aucune boisson. « Peut-être le poison se trouve-t-il dans un ingrédient particulier, suggère la docteure Harker. Un ingrédient commun à tous les gâteaux que ces personnes ont mangés ? Il faut vite l'identifier ! »

En utilisant les informations données sur les ingrédients utilisés et sur les activités de chacune des trois personnes tombées malades, pouvez-vous déterminer quel ingrédient a été empoisonné ?

Tom Hull : propriétaire de la boutique d'encadrement. A mangé le gâteau sans gluten aux pépites de chocolat.

Josie Karabedian : une mère de famille. A mangé une torsade au fromage.

Phaldut Akhtar : boulanger. A mangé le gâteau vegan aux carottes.

Gâteau sans gluten : amandes moulues, œufs en poudre, pépites de chocolat.

Gâteau vegan : farine, crème de coco, sucre, carottes.

Torsade au fromage : farine, œufs en poudre, fromage.

Une fois l'ingrédient identifié, Harker et Twelvetrees se rendent à la cuisine.

« Des œufs en poudre ? Vraiment ? », s'interroge la docteure Harker.

« Apparemment, les œufs ont disparu et ont dû être remplacés au dernier moment », explique l'inspecteur. Il renifle un récipient et s'exclame : « Ça sent très fort le désherbant. » Tous deux se précipitent dehors pour transmettre l'information aux ambulanciers qui viennent d'arriver.

« Notre suspect est donc probablement l'un des candidats… », déclare la docteure Harker un peu plus tard.

L'inspecteur lève une main, comme pour arrêter le processus de réflexion avant qu'il ne devienne trop élaboré. « Il peut tout simplement s'agir d'un candidat qui tente de saboter le gâteau d'un concurrent, donc que ça n'ait aucun lien avec Avent… Je veux dire, avec l'expéditeur anonyme des e-mails. »

« Dans ce cas, à quoi renvoyait l'image du gâteau ? », demande Harker.

Ils entendent tout à coup un cri déchirant provenant de la pièce voisine. « Ce gâteau provient d'un magasin ! », hurle la voix.

« Nous tenons peut-être notre explication… », suggère la docteure Harker, en essayant d'étouffer un sourire.

9 décembre

BOUGIE

L'incident du gâteau semble avoir refroidi l'intérêt de l'inspecteur pour le mystère, qui n'est qu'une mésaventure de plus, un accident probablement causé par un villageois maladroit qui a utilisé un récipient sans le laver correctement. Il reste résolument indifférent même si, comme le souligne la docteure Harker, des situations comme le sabotage d'un harnais ou une abeille dans la barbe d'un homme allergique à ce type d'insecte restent difficiles à expliquer. Twelvetrees poursuit manifestement une autre piste concernant la mort de Mr Holly, et des rumeurs circulent sur la tenue d'une enquête – même si l'inspecteur refuse de faire le moindre lien avec le mystérieux Avent.

Alors qu'elle est en train de nourrir Grendel, la docteure Harker reçoit la notification d'un message. En se dirigeant vers son ordinateur portable, elle aperçoit par la fenêtre une silhouette dans la neige. Une religieuse. Ou quelqu'un portant un habit de religieuse. Le visage est trop loin et dans l'ombre pour qu'elle puisse l'identifier. Mais la personne semble regarder sa maison. L'ordinateur émet un bruit et Harker jette un bref coup d'œil vers l'écran. Lorsqu'elle relève la tête, la religieuse a disparu.

Ce qui vient de se passer n'est pas forcément mystérieux, et Harker essaie de se débarrasser d'un sentiment d'inquiétude en buvant une gorgée de thé. Aujourd'hui, l'image du calendrier de l'Avent représente une bougie dont la flamme est énorme, voire disproportionnée. Cela lui rappelle quelque chose, mais elle ne sait pas quoi. Il y a eu des incendies dans le village par le passé, surtout dans les années 1970, lorsque beaucoup de gens fumaient et que les meubles n'étaient pas traités contre le feu. Le seul incendie ayant impliqué une bougie a eu lieu dans la ferme de Bob Utterbridge, en 1987. Quelqu'un aurait laissé une bougie allumée dans la grange et le feu se serait répandu à tout le bâtiment, causant la mort de plusieurs vaches. Heureusement, il n'y a pas eu de victime à déplorer. Seul Bob a avalé de la fumée en tentant de pénétrer dans le bâtiment. Le coupable n'a jamais été trouvé, ce qui, à bien des égards, est pire. Les soupçons ont pesé sur les enfants qui avaient l'habitude de jouer dans les environs, en particulier sur le fils de Bob, Hugh.

Bob est mort en 2006, et Hugh occupe désormais la ferme. Mais celle-ci est devenue un atelier de fabrication de décors pour des productions cinématographiques et télévisuelles. Les habitants de la région l'appellent toujours Utterbridge Farm, et la docteure Harker sait que certains décors de la pièce de Noël sont en train d'être construits dans l'un des entrepôts. C'est une bonne excuse pour aller y faire un tour. Elle rince donc sa tasse et se met en route.

Elle se gare à proximité de la ferme et sonne à la porte. L'accès est sécurisé, les sociétés de production craignant des fuites sur Internet, sans parler des journalistes. Une fois que la docteure Harker est reconnue, elle est admise à pénétrer dans l'enceinte du bâtiment. Un jeune homme, Harry Dyall, l'accueille à la porte et l'escorte jusqu'à l'entrepôt D, où les décors sont en train d'être peints. « Je suis un artiste en images de synthèse, dit Dyall d'un ton aimable. Je donne un coup de main pour les travaux de conception tout en préparant mon diplôme. Votre pièce n'aurait-elle pas besoin d'images de synthèse ? »

« J'espère que non ! », répond la docteure Harker, tout en se disant que le comité serait plutôt pour.

Soudain, une alarme stridente retentit. Dyall s'inquiète. « C'est l'alarme incendie », dit-il en courant vers la source du bruit. Lui et Harker se précipitent vers le bâtiment principal, où ils sont vite rejoints par Hugh Utterbridge et quelques employés.

« Le système d'extinction des incendies a été désactivé », déclare Utterbridge, confus, en jetant un coup d'œil à un panneau situé à côté de la porte de l'entrepôt.

« Nous allons devoir attendre les pompiers », dit Dyall.

« Et laisser le feu détruire la grange ? C'est absurde », lance Utterbridge d'un ton sombre. Il utilise la commande manuelle pour ouvrir la porte. Il y a très peu de fumée à l'intérieur, le feu doit donc être encore faible. La docteure Harker reste en retrait pendant que les hommes saisissent des extincteurs et aspergent de mousse une partie du décor de la pièce, maintenant noirci mais pas complètement détruit.

Une fois que l'incendie est éteint, Dyall se dirige vers un terminal d'ordinateur et commence à taper rapidement. « Le système d'extinction n'a pas été désactivé, dit-il vivement, il est complètement hors service. C'est d'ailleurs ce qui a déclenché l'incendie, à cause des fils débranchés. »

« Je vous avais demandé de régler ça ! » Utterbridge, manifestement sous le choc, s'en prend à l'un des employés, qui semble abattu.

« C'est bizarre, poursuit Mr Dyall, on dirait que quelqu'un intervient sur le système à distance. »

Harker et Utterbridge se précipitent sur l'ordinateur. Dans la section des autorisations s'affiche une suite de lettres et de chiffres apparemment aléatoires, comme lorsque la docteure reçoit un e-mail d'Avent. Jusqu'à présent, elle pensait qu'Avent ne pouvait pas avoir inventé l'idée d'un accès anonyme à l'ordinateur, mais l'incident est trop significatif pour être une simple coïncidence.

« Attendez, dit Dyall en sortant son téléphone et en le branchant à l'ordinateur. On dirait que la connection est toujours en cours ! Je pourrais peut-être accéder à leur système… »

Utterbridge ne semble pas surpris d'apprendre qu'il a engagé un vrai hacker et se contente d'acquiescer. Dyall accède à différents programmes depuis son téléphone, avant de voir, avec surprise, s'afficher sur l'écran une grille de flocons de neige s'afficher à l'écran. « C'est une énigme, je pense. Nous devons trouver un code. »

Avent exige un code à cinq chiffres pour accéder à ses systèmes et a conçu, pour le trouver, une énigme avec des flocons de neige. Sachant que le premier chiffre du code correspond au flocon placé au milieu de la rangée du haut, et le deuxième au flocon placé au centre, essayez de retrouver les trois derniers chiffres de la séquence. Vous pourriez avoir besoin de compter les aiguilles des flocons (tournez la page pour obtenir un indice).

Bougie

1

2

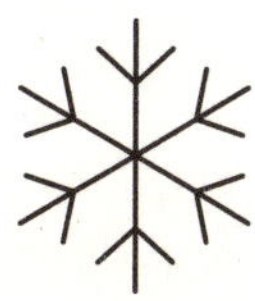

3

4

5

6

INDICE

La branche supérieure de chaque flocon équivaut à 1. Vous devez avancer dans le sens des aiguilles d'une montre à partir de là.

Après avoir trouvé le code, Dyall le saisit. En accédant au système, ils découvrent alors des centaines de dossiers contenant des fichiers cryptés. Brusquement, la connexion est coupée.

« Désolé, dit Dyall. Je n'ai réussi à télécharger qu'un dossier contenant trois fichiers, mais je ne sais pas du tout comment les décrypter. »

La docteure Harker suggère qu'il les envoie à l'inspecteur Twelvetrees, du commissariat d'Acmouth. Elle se tourne ensuite vers Utterbridge et lui montre l'image de la bougie qu'elle a reçue le matin même.

D'abord fâché, il semble brusquement très abattu. Il baisse les épaules et regarde le sol avec une expression qui semble indiquer un secret honteux profondément enfoui. Il ne prononce pas un mot.

10 décembre

COURONNE

La docteure Harker ne sait toujours pas pourquoi c'est à elle qu'on envoie les images du calendrier. Est-ce un simple hasard? Ou parce que sa vie n'a rien de très mystérieux? Son existence a été plutôt banale. Certes, elle a fait des erreurs, mais elle les a avouées (par exemple, quand elle a rayé avec sa clé la voiture qui était toujours garée sur sa place de parking), ou elles ont été découvertes (comme cette lettre sévère, censée être anonyme, qu'elle a envoyée à la mère d'une fille qui tyrannisait son propre fils). On lit en elle comme dans un livre ouvert. Même si, bien sûr, elle peut oublier quelque chose…

À 8h, une alerte sonne. C'est la fenêtre 10 du calendrier. Une couronne de Noël. Elle entend frapper à sa porte et sursaute, se rappelant y avoir accroché une couronne. En regardant par le judas, elle voit que c'est l'inspecteur Twelvetrees. Elle lui ouvre, tout en se reprochant sa bêtise: au village, presque tout le monde a une couronne.

L'inspecteur la regarde avec étonnement: « Vous m'avez demandé de venir. »

« Oh oui, bien sûr. J'ai pensé qu'il est préférable que nous commencions la journée ensemble, pour une fois. Essayez d'attraper Avent au vol », dit-elle en lui montrant l'image de la couronne.

Il s'assied avec un air las. « Avec vous, les choses semblent très simples. Mais on nous a rapporté que des gens avaient vu Mr Holly errer dans le village, et il y a eu aussi des appels au sujet d'une "mystérieuse religieuse". » Harker lève les sourcils. « C'est probablement de l'hystérie, poursuit Twelvetrees, mais cela montre à quel point les gens deviennent nerveux. »

La docteure regarde par la fenêtre la neige qui commence à tomber fort. « Les gens oublient parfois à quel point Noël peut être effrayant, remarqua-t-elle en observant la neige d'un air pensif. Je veux dire…, l'une des histoires de Noël les plus célèbres parle de fantômes… »

L'inspecteur semble mal à l'aise, puis il frappe dans ses mains. Il se dirige vers l'ordinateur portable de Harker et zoome sur l'image.

« Vous avez changé d'avis », dit la docteure.

« Neuf jours consécutifs de malchance peuvent être une coïncidence, même dans un village comme celui-ci, dit-il en haussant les épaules. Quand nous avons reçu les fichiers cryptés envoyés par le jeune Dyall, hier, j'ai demandé à nos informaticiens de se pencher dessus. »

« Avez-vous déjà reçu des nouvelles ? » La docteure Harker semble réconfortée par cette perspective.

« Pas encore. Cela prend du temps, et encore plus quand les informaticiens sont bons, soupire l'inspecteur. Mais attendez… ce n'est pas une couronne de Noël ! »

« C'est une couronne mortuaire ! s'exclame le médecin, qui prend conscience de son erreur presque en même temps que l'inspecteur. C'est un mauvais présage. »

« C'est peut-être une allusion à la mort de Mr Holly, dit l'inspecteur, ignorant le commentaire sur les présages. Il vivait d'ailleurs dans le cimetière, au milieu des tombes. Il a sans doute passé beaucoup de temps entouré de couronnes. »

La docteure Harker décide d'accompagner l'inspecteur à l'église. La neige épaisse rend la circulation difficile. « Avez-vous trouvé quelque chose d'intéressant dans son cottage ? », demande-t-elle.

L'inspecteur soupire. « Docteure Harker, je suppose que vous êtes embarquée dans cette affaire, que cela me plaise ou non. »

« Merci beaucoup », répond-elle d'un ton sarcastique.

« Ce n'est pas pour me déplaire, dit-il rapidement. Mais je préfère rester dans le champ professionnel. Je ne peux rien révéler pour l'instant. Je vais essayer de vous obtenir un contrat de consultante pour cette affaire, puisque c'est vous qui avez reçu les photos du calendrier. En attendant, je suppose que rien ne s'oppose à ce que vous m'accompagniez au cottage… »

Dès qu'ils arrivent à l'église, le révérend Dove se précipite vers eux. C'est un petit homme tout rond au visage très rouge, avec très peu de cheveux et une moustache encore plus clairsemée. Il est emmitouflé et les regarde d'un air malheureux tandis qu'ils remontent le sentier. C'est à lui que Mr Holly manquera le plus, car il n'aura jamais un autre marguillier aussi attentif et diligent. « Je pensais que c'était Liam. Il est en retard », dit le révérend d'un air grognon. Liam Furth est l'entrepreneur de pompes funèbres. Un homme grand et maigre, très placide. Quand les gens voient le pasteur et Furth ensemble, ils les surnomment « Laurel et Hardy ».

« Nous ne l'avons pas vu en venant ici. Organisez-vous les funérailles de Mr Holly ? », demande la docteure Harker.

« Non, nous avons un peu de retard parce que vous avez interdit l'accès au cimetière pendant quelques jours, le temps que vos hommes fassent leurs recherches, dit le révérend en regardant l'inspecteur d'un air accusateur. Quoi qu'il en soit, le retard de Liam n'arrange rien. Ce n'est pas son genre. »

La docteure Harker commence à se sentir mal à l'aise. « Avez-vous appelé son bureau ? », demande-t-elle.

« On m'a dit qu'il était déjà parti. Pensez-vous qu'il soit arrivé quelque chose ? » Le pasteur semble inquiet.

« Ne nous emballons pas », dit l'inspecteur. Il suggère à Harker de refaire le chemin en sens inverse en voiture pour voir si la camionnette de Liam n'a pas calé en chemin. »

Conduisant prudemment dans la neige de plus en plus épaisse, la docteure fait un détour par un chemin que Liam pourrait avoir emprunté, jusqu'au moment où ils découvrent sa camionnette garée près d'une haie. La porte côté conducteur est ouverte et les phares sont encore allumés. Près de la voiture, on peut voir un portail grand ouvert, mais il n'y a aucune trace de Liam.

« Qu'est-ce que c'est que cet endroit ? », s'interroge l'inspecteur.

« Le cimetière. Je veux dire l'ancien cimetière », dit la docteure Harker, déjà armée de la pelle à neige rangée dans le coffre de sa voiture et se dirigeant vers le portail en grognant. « En prenant ce chemin, nous arriverons dans le nouveau cimetière par le côté est. On a cessé d'utiliser celui-ci plus d'un siècle, faute de place, après une épidémie de variole. La nouvelle église venait d'être construite… »

Le portable de la docteure Harker sonne, ce qui les fait sursauter tous les deux. Numéro inconnu.

Quand elle décroche, elle entend la voix de Liam Furth. Elle se sent d'abord soulagée, avant de remarquer à quel point elle est inquiète et oppressée. « Aidez-moi, s'il vous plaît, qui que vous soyez ! »

« Liam, où êtes-vous ? » demande la docteure Harker.

« Je crois que je suis dans un cercueil !, hurle Liam. Peut-être enterré. J'ai été attaqué dans l'ancien cimetière. Le temps que je reprenne mes esprits, on m'a mis un sac sur la tête et on a commencé à me faire avancer vers une tombe ouverte. On m'a poussé et j'ai fait une chute de deux mètres… J'étais assommé, mais je pense qu'ils m'ont enterré ! »

« À juste titre », pense la docteure Harker, les derniers mots ont été prononcés d'une voix désespérée.

« J'avais un téléphone dans la main quand je me suis réveillé, et il y avait votre numéro dedans. S'il vous plaît – s'il vous plaît, pouvez-vous m'aider ?! »

L'inspecteur Twelvetrees s'efforce de rester calme. Mais tous deux constatent qu'une épaisse couche de neige recouvre toutes les tombes… Harker comprend qu'il leur reste juste une chance de retrouver Liam et tente de le persuader de leur indiquer la direction qu'il a prise…

En vous basant sur le récit des déplacements de Liam, pouvez-vous trouver dans quelle tombe il a été enterré ?

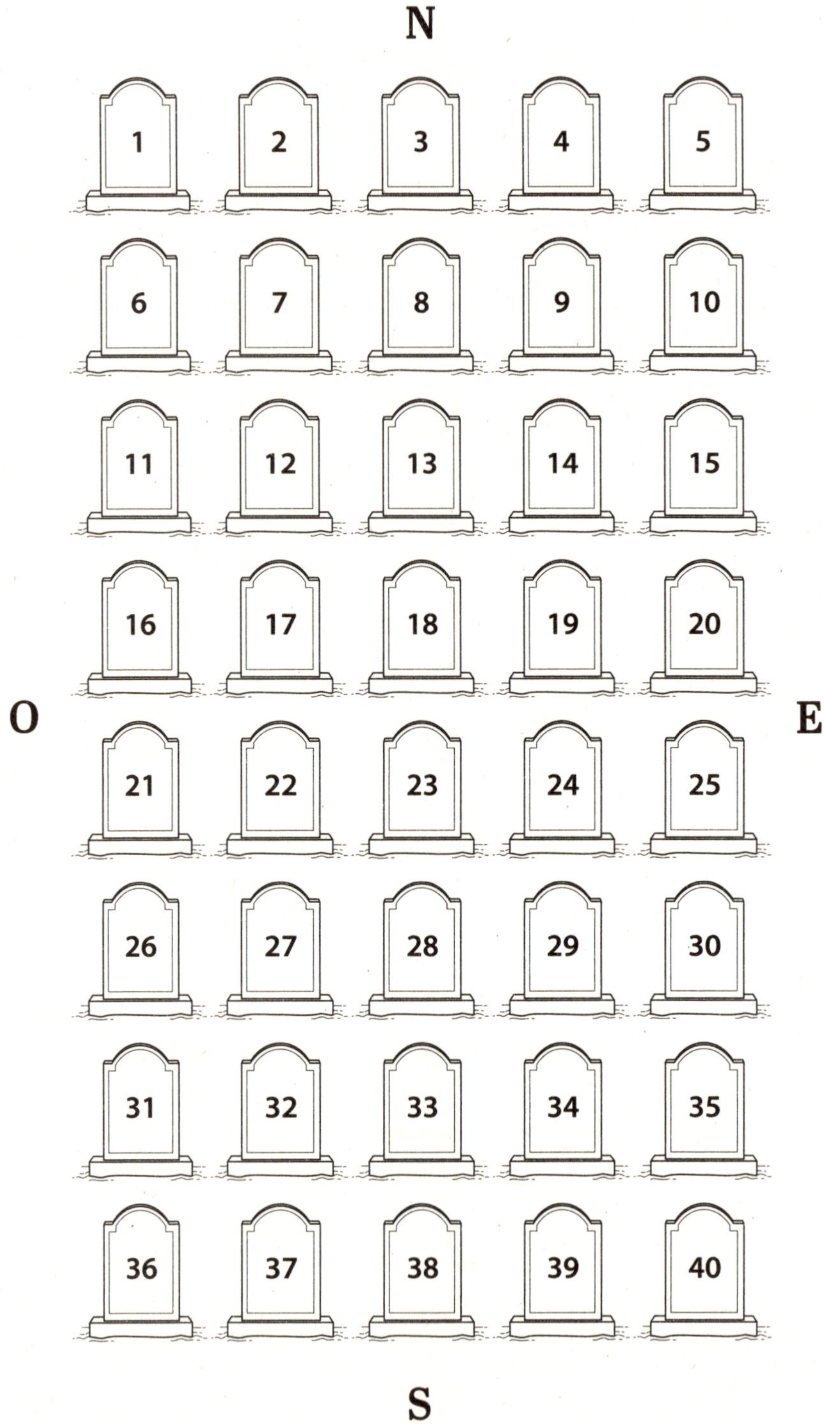
N
O
E
S
1
2
3
4
5
6
7
8
9
10
11
12
13
14
15
16
17
18
19
20
21
22
23
24
25
26
27
28
29
30
31
32
33
34
35
36
37
38
39
40

Harker et l'inspecteur creusent frénétiquement. Heureusement, Liam n'est pas enterré très profondément. Ils le sortent du cercueil. Tout en retrouvant son souffle, Liam confesse, en larmes, tous les objets de valeur qu'il a volés aux personnes qu'il a enterrées au fil du temps.

Si la docteure Harker ne le laisse pas tomber en l'écoutant faire cet aveu, c'est parce qu'elle a, en tant que médecin, un devoir d'assistance envers tout le monde. Elle sait aussi que c'est ce que souhaite l'Avent : que tous les détenteurs d'un secret honteux soient punis. Les victimes ont à peine le temps de comprendre l'image du calendrier qu'Avent a déjà commencé à les attaquer. Au moment où Liam est embarqué sans ménagement dans une ambulance, il marmonne quelque chose à propos d'un e-mail, d'une image de couronne mortuaire et d'une note le menaçant s'il n'avouait pas son secret. Ce dernier élément est une nouvelle information qui confirme à Harker ce qu'elle sait déjà : Avent veut que les secrets des habitants du village soient dévoilés, et il est prêt à risquer des vies pour y parvenir.

Harker regarde l'inspecteur et voit qu'il commence à comprendre. Il s'agit bel et bien d'une tentative de meurtre. Harker serait d'ailleurs très étonnée que le coupable ne soit pas également responsable de la mort de Mr Holly.

11 décembre

ÉTOILE

Le message le plus inquiétant que la docteure Harker reçoit le 11 décembre n'est pas l'image d'une étoile de Noël envoyée anonymement par e-mail, mais une invitation de Lady Miriam qui la convie pour un brunch.

Elle ignore tout de l'état d'esprit de Lady Miriam face aux événements récemment survenus dans le village. Harker devine que cela ne lui fait certainement pas plaisir, mais sans savoir si Lady Miriam est plus gênée par le préjudice causé aux habitants – qu'elle traite comme si elle en était la reine – ou par celui occasionné à la réputation du village.

Les rares fois où la docteure a vu Lady Miriam, celle-ci lui est apparue comme une femme bonne et très pragmatique. Si la petite fille casse-cou et toujours punie pour ses bêtises est devenue une vraie dame, c'est, dit-elle, parce qu'elle a pris conscience de ses origines et de sa place dans la société. La docteure Harker suppose donc que Lady Miriam veut simplement savoir ce qui se passe. Elle a dû user de son influence pour en savoir plus et a dû apprendre que la docteure était impliquée dans l'enquête. Elle veut sans doute avoir son point de vue sur la situation. À moins qu'elle essaie de la convaincre d'arrêter ses recherches qui ne font qu'attiser la curiosité des gens. Or, la docteure Harker n'est pas du genre à se laisser faire, surtout par quelqu'un de plus jeune qu'elle.

D'ailleurs, la docteure Harker souhaite rencontrer Lady Miriam depuis qu'elle a reçu l'image de l'étoile. Après tout, Lady Miriam joue le rôle de l'étoile de Noël dans la pièce chaque année depuis sa création. Elle pourrait être la prochaine cible. Harker a transmis l'image à l'inspecteur en lui indiquant qu'elle rendrait visite à Lady Miriam, et celui-ci lui a répondu très vite en lui conseillant de faire preuve de diplomatie.

Le manoir de Whispering John est peut-être élégant, mais Lancaster Manor le surpasse de très loin. En s'approchant de la maison et des jardins, on peut se faire une idée de son ampleur. À bien des égards, c'est un exemple typique de domaine géorgien, mais son architecte était suffisamment excentrique pour y ajouter de nombreux éléments surprenants, notamment une tourelle. Les jardins sont encore plus étranges, représentant les visions souvent contradictoires de dix générations de Lancaster; c'est le seul endroit en Angleterre où l'on peut admirer un bandicoot géant en topiaire. Selon Elspeth, l'amie de la docteure Harker, Lady Miriam a fait de Candlestow un site touristique pour éviter de devoir ouvrir au public les portes de Lancaster Manor, qu'elle veut garder pour elle seule.

Déterminée à ne pas se laisser intimider, Harker frappe l'énorme heurtoir en laiton, et Stuyvesant, le majordome, l'accueille avec un sourire chaleureux. La docteure Harker a aidé à mettre au monde sa fille Rachel il y a des années, il a donc des raisons d'avoir une bonne opinion d'elle.

« Docteure Harker! J'ai été ravi lorsque Madame a dit qu'elle vous recevrait à onze heures. » Il s'incline délicatement. « Je vous le dis en confidence, j'ai l'impression que quelque chose l'inquiète, donc j'imagine qu'elle veut avoir votre point de vue », dit-il dans un chuchotement.

La docteure Harker sourit et ils échangent quelques mots avant que Stuyvesant, se souvenant de sa fonction, ne la conduise à l'imposant jardin d'hiver situé à l'arrière de la maison. Malgré le temps, il y fait très chaud, sans doute pour le bien des nombreuses plantes exotiques qui s'y trouvent. Lady Miriam est assise à une petite table où sont disposés divers sandwichs et gâteaux, à côté d'une antique théière.

Elle accueille la docteure Harker par ces mots: « Je tiens à vous dire que vous vous en sortez très bien, compte tenu des circonstances. »

« Quand j'ai commencé à recevoir les images, j'ai dû agir », répond la docteure Harker.

« Des photos? Oh, le calendrier! Non, non, je veux parler du malheureux accident de Mr Holly. »

Deux choses deviennent claires au fur et à mesure qu'elles parlent: Lady Miriam n'a aucune envie d'évoquer le calendrier de l'Avent, et elle a convoqué la docteure au manoir avant tout pour parler de la pièce de théâtre. « J'adore l'idée de la dédier à Mr Holly, mais je trouve que sa façon de voir les choses n'est pas dans l'esprit de *L'Étoile de Noël* que nous aimons tous, dit Lady Miriam en grignotant un macaron. Je compte faire appel à un nouveau metteur en scène et j'espère donc que vous me soutiendrez. il s'agit de Tony Blankenship. »

La docteure Harker est interloquée. Peut-être a-t-elle mal entendu ? « L'acteur ? De… ces films d'action des années 1980 ? »

Lady Miriam rayonne. « C'est cela. Mais il a fait bien plus que cela. C'est un de mes amis. Il est venu passer Noël au manoir et, lorsque j'ai parlé de la pièce, il s'est dit intéressé. Il a envie de rendre hommage au village. En fait, j'en avais déjà parlé à Mr Holly avant… l'accident. »

Harker ignore tout des talents de metteur en scène de Blankenship. Il est surtout connu pour ses coups de feu et ses répliques dans une série de films hollywoodiens de plus en plus stupides, dans lesquels il réalise lui-même la plupart des cascades. Il n'a quand même pas l'intention de liquider l'adorable orphelin en tirant deux coups de feu à la fois ? Quoi qu'il en soit, la participation d'une étoile de Hollywood à la pièce ne va pas améliorer la situation. Au fait… une étoile !

« Où se trouve Mr Blankenship ? », s'enquiert aussitôt la docteure Harker.

« Il se promène dans les jardins, dit Lady Miriam. Je pense qu'il veut aller contempler la tour de Lord Finian. Il s'agit d'une folie à plusieurs étages située dans le parc, une fausse tour médiévale en pierre. »

La docteure Harker suggère gentiment mais fermement de partir tout de suite à sa recherche, et Lady Miriam accepte. Toutes deux sortent dans le froid. Par chance, la neige s'est un peu calmée, si bien qu'il ne leur est pas trop difficile de se frayer un chemin jusqu'à la petite zone boisée où se trouve la tour de Lord Finian.

En arrivant, toutes deux lèvent les yeux. Au sommet de la tour, perché sur une terrasse, se tient Tony Blankenship, les yeux bandés, menotté et retenu par un fil relié à un dispositif invisible.

« Oui, j'ai toujours été doublé pour mes cascades », crie-t-il de sa voix traînante caractéristique de Brooklyn. « JE PEUX NOMMER TOUS LES CASCADEURS SI VOUS ME LAISSEZ PARTIR ! FRED GAMMIT ! LORENZO DANTE ! PHIL GREEN ! »

Elles ne voient pas à qui il s'adresse, mais elles savent qu'il subira une mort atroce si le fil se casse. La docteure Harker se précipite à l'intérieur de la tour. Lady Miriam semble confuse. « Il n'y a pas de serrure sur la porte ! Et qu'est-ce que c'est que ça ? » Sur la table se trouvent une pantoufle en forme d'elfe, un bas, une figurine de renne et un gant.

Juste à côté, elles découvrent un message écrit avec des lettres découpées dans des magazines :

Vous devez résoudre une à une les énigmes de chacun des étages pour trouver la clé permettant d'accéder au niveau suivant.

Étage 1 : « On me trouve souvent sur un pied. Parfois, de la suie me recouvre. »

UNE FOIS CE PROBLÈME RÉSOLU, PASSEZ À L'ÉTAGE 2.

Étage 2 : « Je suis né noir, je grandis rouge et je finis blanc. »

UNE FOIS CE PROBLÈME RÉSOLU, PASSEZ À L'ÉTAGE 3.

Étage 3 : « Je ne descends jamais, mais il faut toujours me remonter. »

UNE FOIS CE PROBLÈME RÉSOLU, PASSEZ À L'ÉTAGE 4.

Étage 4 : « Où se trouvent les trois premiers objets ? La dernière clé se trouve à l'intérieur. »

Tournez la page pour découvrir les indices qui vont vous permettre de résoudre chaque énigme.

On me trouve souvent sur un pied. Parfois, de la suie me recouvre. »

« Je suis né noir, je grandis rouge et je finis blanc. »

« Je ne descends jamais, mais il faut toujours me remonter. »

« Où se trouvent les trois premiers objets à découvrir ? La dernière clé se trouve à l'intérieur. »

Quand elles atteignent le sommet de la tour, elles voient que la minuterie du dispositif qui retient Blankenship est proche de zéro et que l'ancienne star est sur le point de tomber dans le vide. Elles se précipitent et l'attrapent juste au moment où la machine relâche la corde.

Quand tous trois arrivent sains et saufs au manoir, l'inspecteur Twelvetrees et plusieurs officiers de police sont là pour les accueillir. Un ambulancier examine Blankenship, assez choqué. Comme Liam Furth, il a reçu l'image du calendrier de l'Avent et un message lui demandant d'avouer, mais il n'y a pas prêté attention. Juste après être entré dans la tour, il a été attaqué, ligoté et transporté tout en haut. Il ne peut rien dire d'utile sur l'identité du coupable. Il veut juste retourner à Los Angeles, où il se sent en sécurité.

Pour la docteure Harker, Lady Miriam ne peut pas continuer à ignorer la situation, même si elle s'inquiète pour la réputation du village.

12 décembre

SUCRE D'ORGE

La docteure Harker a reçu pleins d'e-mails provenant de membres du comité, de villageois et même de personnes qui vivent ailleurs dans le pays. La nouvelle de la campagne d'intimidation lancée par Avent est devenue publique.

Mais l'information n'a été diffusée ni par les journaux ni par la télévision, pas même par la star hollywoodienne, atrocement vexée et qui se trouve en ce moment même dans un avion en direction de Tinseltown. Tout est parti d'une vidéo postée sur les réseaux sociaux par Sizzy Anti-Sucre, une influenceuse qui a grandi dans un quartier assez fermé, à l'ouest du village.

Sizzy publie tous les jours des vidéos sur le bien-être et la méditation. Pour la docteure Harker, c'est une arnaqueuse sans état d'âme sous son allure chic. Comme le suggère son identité sur les réseaux sociaux, sa bête noire du moment est le sucre, qu'elle dit avoir éliminé de son régime alimentaire. Un exploit de plus en plus courant, mais Sizzy se montre de plus en plus intolérante dans sa croisade contre le sucre, en quête de clics et d'abonnés – même si, bien sûr, elle n'élève jamais le ton, se contentant de chuchoter de sa voix rauque.

Aujourd'hui, cependant, elle pleure à chaudes larmes en expliquant pourquoi elle a été prise pour cible. Harker n'a jamais vu ses vidéos, mais de nombreuses personnes lui ont envoyé le lien d'une séquence où l'on peut voir Sizzy en pleurs : « Je ne sais pas qui a fait ça, mais des photos trafiquées circulent sur Internet… des photos de moi en train de manger du sucre ! J'ai reçu une image de sucre d'orge sur un calendrier de l'Avent, avec une vague menace, et j'ai répondu en disant que je ne ressens plus de peur depuis que j'ai arrêté de manger du sucre. Mais quelqu'un essaie de me piéger ! Et ce n'est pas tout : j'ai entendu dire qu'il a déjà fait la même chose avec plusieurs personnes de mon village ! »

Le discours se poursuit, mais la docteure Harker en a entendu assez. Elle-même a reçu l'image du sucre d'orge à 8 h du matin et Sizzy l'a postée vers 8 h 30, donc tout s'est passé très vite. Maintenant que tout le pays connaît les agissements d'Avent, la situation va devenir plus compliquée. Harker décide de passer la journée au chaud, rideaux tirés. Dommage que les téléphones portables existent ! Elle ne tarde pas à recevoir un appel de l'inspecteur Twelvetrees, apparemment très stressé. « Vous connaissez cette femme, Sizzy, lui demande-t-il. Je lui enverrais bien un agent pour l'avertir de ne pas diffuser ce genre de choses, mais j'ai l'impression que ça ne servirait à rien… »

« Je ne l'ai jamais rencontrée, mais je crois qu'elle est amie avec Valerie Wilde. Vous savez, celle qui a fondé Wilde's Wixies ? »

« Je sais. » Les Wixies de Valerie Wilde sont l'article le plus volé à Candlestow, ce dont témoigne la voix lasse de l'inspecteur, car Lady Miriam refuse d'autoriser l'installation d'un système de vidéosurveillance, même parfaitement dissimulé. « Eh bien…, dit l'inspecteur d'un ton hésitant, pouvez-vous parler à Valerie pour qu'elle suggère à Miss Sanders-Pallenberg de se plaindre ? » Harker accepte à contrecœur, en échange que l'inspecteur l'informera de l'avancée de l'enquête sur Mr Holly.

Valerie ne répond jamais au téléphone, trop occupée à tenir sa boutique ou à fabriquer ses Wixies dans l'atelier situé à l'arrière de sa maison. La docteure Harker sait donc qu'elle devra traverser le village pour se rendre à la boutique, au risque de tomber sur des curieux. Comme la météo n'est pas très propice à une escapade en voiture, elle enfile plusieurs couches de vêtements, d'épaisses bottes de pluie et de vieilles lunettes de ski, puis se met en route en espérant que Wilde's Wixies sera encore ouvert. Car l'affaire est importante, après tout.

Heureusement, Wilde's Wixies reste ouvert par tous les temps. Apercevant Whispering John qui sort de chez lui (sa maison se trouve en face de la boutique), Harker lui fait un signe de la main. Dans le magasin, elle trouve Valerie en train de ranger de nouvelles figurines. Si Jingle's Belles déborde de ravissantes décorations de Noël, les Wixies sont amusants mais plutôt vilains, et disposés de façon originale. Valerie semble aussi épuisée que d'habitude, et Harker envisage une fois de l'inciter à se faire aider à fabriquer ses figurines, mais Valerie dit que leur charme réside en grande partie dans le fait qu'elles proviennent d'une seule et même source. « Bonjour, Docteure Harker ! Vous n'êtes pas souvent dehors par ce temps !, dit Valerie d'un ton enjoué. Il n'y a pas beaucoup de clients aujourd'hui. »

Harker évoque la situation difficile de Sizzy, sans dire qu'elle-même est impliquée dans l'enquête sur le calendrier de l'Avent. Valerie acquiesce avec sympathie. « Oh oui, j'ai l'habitude de veiller sur Sizzy ! Elle ne change pas, mais elle s'est montrée très gentille en mentionnant les Wixies sur ses réseaux. Je sais que beaucoup de gens aiment ce type d'objets, mais nous devons toucher les plus jeunes ! »

« Pourriez-vous contacter cette jeune femme et lui demander de parler d'autre chose ? Quelqu'un le demande. »

« Quelqu'un à qui vous avez rendu visite hier ? », interroge Valerie en désignant la direction de Lancaster Manor. La docteure Harker se contente de hausser les sourcils, sans répondre. « Ces photos pourraient avoir une influence négative sur la réputation de Sizzy, et je pense qu'elle va vouloir contre-attaquer », ajoute Valerie en ouvrant son vieil ordinateur portable et en montrant plusieurs images à Harker. Celle-ci les regarde et explose de rire. « En fait, elle a raison. Toutes ces photos, sauf une, ont été trafiquées… »

Quatre photos sur les cinq comportent un détail qui indique qu'elles ont été retouchées. Pouvez-vous déterminer quelle est la photo non retouchée ?

1

2

3

4

5

Une fois que la docteure Harker a signalé les erreurs, Valerie réalise à quel point c'était simple.

« Bien joué, Docteure », dit-elle avec plaisir. « Vous êtes plutôt douée pour cela. Résoudre des énigmes, je veux dire. »

« Mais cela convaincra-t-il Sizzy et ses partisans ? », demande la docteure Harker.

« Je lui en parlerai… quand j'aurai un moment, répond Valerie. Je dois rendre visite à ma mère aujourd'hui. Ça va être dur de s'aventurer là-dedans. »

La docteure Harker, peut-être de façon peu judicieuse, se propose de conduire Valerie à la maison de retraite, mais celle-ci ne veut rien entendre, insistant pour que le médecin rentre chez elle et se repose. Et pour une fois, la docteure Harker suit ce conseil.

Installée devant une tasse de chocolat chaud et quelques biscuits, elle commence à réfléchir à la variété des « punitions » qu'Avent offre à ses victimes. Une véritable menace de mort est-elle vraiment comparable à un peu d'embarras en ligne ? Elle suppose que des jeunes comme Sizzy peuvent le voir ainsi, bien sûr.

Demain, l'inspecteur Twelvetrees doit l'informer des avancées de la police, et la journée promet d'être intéressante. Elle ne sait pas encore à quel point elle a raison…

13 décembre

RIEN ?

Il est 8 h passées et il n'y a aucun e-mail dans la boîte de la docteure Harker, qui vérifie alors les spams, s'assure que sa connexion Internet fonctionne. Toujours rien. Elle se sent un peu bête, habituée – comme le chien de Pavlov – à recevoir sa boulette d'intrigue tous les matins. Cela paraît étrange : les messages arrivent tous les matins à la même heure depuis bientôt deux semaines. Pourquoi aujourd'hui est-ce différent ?

À 9 h 05, l'inspecteur Twelvetrees l'appelle.

« Il y a un problème, inspecteur, dit-elle avant qu'il ait le temps de parler, je n'ai pas encore reçu d'image du calendrier… »

« Au fait, bonjour !, répond-il. Il y a une excellente raison pour que vous n'ayez pas reçu de nouvelle image. *(Il y a une note de triomphe dans sa voix.)* Nous le tenons. Nous tenons Avent. »

Ce matin-là, à 8 h 21, Peter Van Nuys, plus connu sous le nom de DJ Van Noise, s'est présenté au commissariat d'Acmouth et a avoué que c'était lui le mauvais farceur du calendrier de l'Avent. « J'ai d'abord pensé qu'il cherchait à attirer l'attention ou à nous provoquer, explique l'inspecteur. En effet, beaucoup de gens dans le village disent que c'est à Van Nuys qu'il faut s'adresser quand on recherche quelque chose d'illégal : alcool de contrebande, pilules ou animaux exotiques. Pourtant, la police n'a jamais réussi à le prendre en flagrant délit depuis quatre ans qu'il se livre à ces activités. Quoi qu'il en soit, lorsque je l'ai interrogé, il m'a dit qu'il avait fait ces blagues pour gagner en visibilité sur les réseaux sociaux. Et il connaissait d'ailleurs certains détails que nous n'avons pas rendus publics concernant les photos, ainsi que sur les incidents qui se sont produits. »

« Hmm, dit la docteure Harker, pas franchement convaincue. Et la mort de Mr Holly ? »

« Il a dit qu'il n'en sait rien du tout, répond l'inspecteur. Il ne parle que des photos et des farces. Un "amusement inoffensif", selon lui. Il n'a jamais eu l'intention de faire du mal à personne. Il affirme que c'est la raison pour laquelle il a fini par avouer, parce qu'il a peur d'être inculpé pour la mort de Mr Holly. De plus, il est connu pour maîtriser à la perfection l'informatique et les anonymiseurs pour ses activités illégales. Cela lui va comme un gant. » L'inspecteur a pris sa plus belle voix pour dire que l'affaire est close, mais la docteure Harker y perçoit une pointe de doute.

« Et pourtant... », commence-t-elle.

L'inspecteur garde le silence pendant un moment avant de soupirer. « Et pourtant... » Il se tait de nouveau, avant de poursuivre : « Quand nous lui avons dit ce qui l'attendait, il a pâli. Incendie criminel et tentative de meurtre pour le boucher du congélateur, le croque-mort et l'acteur. Sans parler de l'arbre qui s'est écroulé sur la maison de Duncan Testwood, ni de ce qui est arrivé à Mr Seaton et au jardinier. Il avait l'air... »

« De regretter ? », propose-t-elle.

« Je vais vous dire ce que cela m'a rappelé. Il y a deux ans, des jeunes ont lancé une fusée de feu d'artifice dans une maison, à travers la fenêtre. Le groupe a fini par convaincre l'un d'entre eux de tout avouer. Sauf que le gamin ignorait que la femme qui se trouvait dans la maison avait perdu un doigt. Quand il a réalisé qu'il encourait de la prison pour un acte commis par l'ensemble du groupe, il a fait une drôle de tête. Exactement celle de Van Nuys. Comme s'il s'était fait avoir. »

Harker réfléchit. « Vous pensez qu'il y a un groupe derrière tout ça ? Et que Van Nuys est l'agneau sacrifié ? »

« Je n'ai pas assez de preuves pour penser quoi que ce soit, répond l'inspecteur. Mais il a avoué, et tout le monde aimerait que ce soit vrai. Alors, sauf si on nous apporte la preuve du contraire, c'est lui le coupable. »

« Je crois pouvoir vous aider », déclare la docteure Harker.

En vous aidant de l'affiche de DJ Van Noise et des informations dont vous disposez sur ce personnage, pouvez-vous démontrer qu'il ne peut pas avoir commis les crimes d'Avent ? Cherchez la ou les dates pour lesquelles il n'a pas d'alibi.

LISTE DES ACTIONS ACCOMPLIES PAR UN INCONNU SURNOMMÉ AVENT

2 décembre, 7 h 17 : boucherie ; piège le boucher dans son armoire frigorifique avec des barres métalliques.

3 décembre, 17 h-17 h 30 : Poignton House ; vole une boucle d'oreille et la glisse dans la poche de Whispering John pour qu'on accuse ce dernier.

4 décembre, 10 h 47 : domicile de Duncan Testwood ; coupe le câble qui maintient l'arbre de Noël après avoir piraté le portail de sécurité.

5 décembre, 9 h 30-9 h 38 : salle des fêtes ; glisse une abeille dans la barbe de Mr Noakes.

6 décembre, 13 h 23 : salle des fêtes ; piratage du système électronique.

7 décembre, 23 h 15 : devant la boulangerie ; freins coupés.

8 décembre, 14 h 30 : Institut des Femmes ; ajout de désherbant dans de la poudre d'œufs.

9 décembre, midi cinq : Utterbridge Farm ; piratage du système informatique et déclenchement d'un incendie.

10 décembre, 14 h 45 : ancien cimetière ; assomme sa victime avant de l'enterrer dans une fosse peu profonde.

11 décembre, 10 h 35 : Lord Finian's Tower ; une star de cinéma a été piégée au sommet de l'édifice.

Tournée ~~mondiale~~ du DJ Van Noise – Rave party autour du sapin de Noël

1er décembre

Rave party à Finnegan's Field, de 21 h30 à 23 h !

3 décembre

À partir de 17 h 15 – Soirée quiz et disco au Drunken Duck ! (On ne me laissera pas m'occuper du quiz, donc la soirée disco sera plus fun !)

4 décembre

~~Soirée dubstep dans un lieu secret,~~
~~contactez-moi pour plus de détails.~~

ANNULÉE À CAUSE DES MOUCHARDS

(Je sais qui vous êtes.)

6 décembre

13 h : choix de morceaux célèbres
pour l'inauguration du Gregg's Chalet,
à la station-service Happy Traveller sur la M7
(pour la localisation exacte, consultez votre GPS).

7 décembre

11 h 15 : anniversaire de Little Timmy's !
(Ce sera très chaud, mais c'est une fête privée.)

10 décembre

14 h 30 : *beach party* de Noël sur le Lido de Candlestow.
Apportez votre sable ! (Et si quelqu'un pouvait
apporter des pinces coupantes, ce serait génial.)

11 décembre

10 h 30-12 h 30 : en direct du Suzie Plectrum's Big
Hit Show sur Candlestow FM. (L'ingénieur du son a
un zona ; s'il se rétablit à temps, laissez tomber.)

14 décembre

21 h : The Drunken Duck,
DJ Van Noise 12 Days of Noisemas
(prix d'entrée : deux consommations au moins
– contrôles prévus).

Informations sur la surveillance de voisinage

Une série de vols mineurs a eu lieu dans la région. Dans certains cas, il peut s'agir de personnes qui empruntent des objets sans prévenir leurs propriétaires, ou qui les cassent accidentellement et n'osent pas l'avouer (c'est ce qui s'est produit avec le vase de Mrs Gargary en novembre). Toute personne avouant ces emprunts ou dégâts involontaires sera traitée avec bienveillance.

02/12, vers 7 h : la sculpture grandeur nature d'une vache a été dérobée près du garage de Keith Humble. Vers 15 h, la réplique d'un crâne de bovin a été volée sur le mur de Murray Whitehead.

04/12, 10 h 34 : un bocal vide a disparu d'une boîte, près des ruches de Kate Kittridge.

08/12, 8 h 14 : de la boue a été projetée sur un nain dans le jardin des Reynolds. À14 h 12, un parasol de plage a été volé dans la remise de Keith Bumble. Keith se sent visé.

09/12, 17 h : des écouteurs rangés dans un sac, Vicky O'Reilly, ont disparu. Le voleur est sans doute passé par le toit.

10/12 : l'un des nains des Reynolds a été orienté vers la maison, un signe d'irrespect flagrant, mais le moment du forfait reste inconnu. Peu avant 16 h 12, le crâne de bovin a été replacé sur le mur de Murray Whitehead, mais il était fendu et couvert d'éclaboussures de boisson énergisante.

L'inspecteur admet que ce raisonnement est logique. Il en parle longuement avec ses supérieurs, ce qui débouche sur une conclusion surprenante : Van Nuys va être relâché. Il reste le suspect numéro un, lui dit cependant l'inspecteur. Mais si, comme nous le supposons, quelqu'un d'autre est impliqué, relâcher Van Nuys est sans doute le meilleur moyen d'inquiéter cette personne, maintenant que son bouc émissaire est libéré.

La docteure Harker aimerait avoir une conversation avec Peter Van Nuys. Elle voudrait au moins savoir pourquoi c'est elle qui reçoit les images anonymes. Elle imagine qu'il va chercher à l'éviter et se demande à quel endroit elle pourrait le trouver.

Mais elle n'a pas eu le temps de mettre la main sur Van Nuys. L'après-midi même, alors qu'elle participe à une répétition de la pièce et qu'elle observe avec étonnement Dennis Seaton critiquer de plus en plus vivement la mise en scène de Lily Franzen, elle reçoit un appel de l'inspecteur. Il lui conseille de se rendre dans un endroit à l'abri des oreilles indiscrètes, puis il lâche la bombe : « Van Nuys est mort. »

« Quoi ?! », s'exclame-t-elle, choquée.

« Un de ses clients l'a trouvé mort dans sa camionnette. L'autopsie n'a pas encore eu lieu, donc nous ne connaissons pas l'heure du décès. Mais on sait comment il est mort. Étouffé… avec un brin de houx. »

La docteure Harker a la désagréable impression que le sale boulot d'Avent ne fait que commencer…

14 décembre

CHAUSSETTE

La mort de Van Nuys a eu au moins un effet positif, puisque la plupart des gens semblent penser que l'affaire du calendrier est terminée. Le coupable a avoué et s'est suicidé par culpabilité. Les messages et appels reçus par la docteure Harker sont avant tout des témoignages de sympathie pour le village et l'expression d'un soulagement – enfin débarrassés de l'odieux DJ Van Noise.

Du point de vue de Harker, cependant, la situation a empiré. Elle a vécu sa plus mauvaise nuit depuis des années. Avent est un personnage tordu, rancunier et extrêmement doué pour glisser entre les mailles du filet.

Lorsque l'e-mail est arrivé à 8 h – l'image d'une chaussette –, il lui a fait froid dans le dos. Quelle serait la prochaine cible ? Et la même question se pose encore pour elle : pourquoi est-ce à elle qu'Avent envoie ses messages ? Fait-elle partie de son plan de vengeance, ou bien se joue-t-il aussi d'elle ? Elle n'arrive toujours pas à savoir qui, dans le village, peut agir ainsi. Elle ne parvient pas à imaginer qu'un des habitants puisse le faire, mais c'est pourtant la seule conclusion possible.

Lorsque l'inspecteur Twelvetrees l'appelle pour leur entretien quotidien, il voit qu'elle est agitée et inquiète, et il lui témoigne une sympathie qu'il n'a jamais montrée jusque-là. Il l'invite à le rejoindre à la gare d'Acmouth pour qu'il lui retrace les progrès réalisés dans l'enquête sur la mort de Mr Holly.

En arrivant, elle tombe sur un spectacle extraordinaire : le révérend Dove est emmené par des policiers. L'inspecteur Twelvetrees le regarde partir avec des yeux ébahis. « Encore une confession, mais celle-ci se vérifie. Dove a cambriolé le bureau de poste du village il y a trente-quatre ans. Il a braqué les employés avec un pistolet à eau et a volé une centaine de livres sterling. Le plus étrange, c'est qu'il portait une chaussette sur la tête, avec des trous pour les yeux. Complètement idiot. Et maintenant, suivez-moi. Il y a quelqu'un que vous devez rencontrer. »

Il la conduit à travers les bureaux. Quelques officiers lui lancent des regards de surprise ou de reconnaissance. « Le résultat de l'autopsie de Mr Holly est assez clair. Il est tombé d'une hauteur élevée, s'est cogné la tête, s'est brisé la nuque et a subi d'autres traumatismes. Les analyses toxicologiques sont négatives, pas même un verre de sherry dans son organisme. La seule chose qui nous intrigue, c'est qu'il semble être tombé d'une hauteur inférieure à celle du toit de la salle des fêtes. Peut-être que la neige a amorti sa chute. Ou qu'il s'était suspendu à une guirlande lumineuse. En tout cas, c'est étrange. »

En passant devant une salle d'interrogatoire, la docteure Harker distingue une forme à travers le verre dépoli. « Nous avons commencé à examiner les antécédents de Mr Holly. Son parcours est un peu mystérieux. Il est devenu le gardien de l'église en 1991. Lady Miriam s'est personnellement portée garante, mais presque personne ne sait ce qu'il a fait avant. Certains pensent qu'il a été en prison. »

Twelvetrees ouvre la porte du bureau. « Il y a trois jours, quelqu'un s'est manifesté... »

Assise à une table, souriant d'un air bienveillant, se trouve une religieuse. Peut-être celle que Harker a aperçue récemment.

« Docteure Harker, voici sœur Mary... la fille de Mr Holly. »

Harker et l'inspecteur s'assoient devant la religieuse, dont la sérénité les déconcerte un peu. Elle confirme que c'est bien elle qui a été aperçue dans le village. « J'ai appris la mort de mon père par une connaissance. J'ai le regret de dire que je ne l'avais pas vu depuis des décennies. Je suis heureuse qu'il soit parti vers la récompense qui l'attend, mais j'aurais aimé le voir une dernière fois. »

Elle raconte qu'elle est venue à Gandelestow pour assister aux obsèques de son père et qu'elle a décidé d'essayer d'en découvrir plus sur sa vie. C'est à cette occasion qu'elle a pris connaissance des photos du calendrier. « Quelques personnes à qui j'ai parlé se sont confiées à moi, ce que j'ai bien sûr apprécié. Et certaines m'ont montré ces photos du calendrier de l'Avent qui étaient envoyées aux habitants. Et à vous, Docteure Harker, si j'ai bien compris. » Légèrement déconcertée d'apprendre que son implication dans l'affaire commence à être connue, Harker se contente d'acquiescer par un hochement de tête. « Après la mort de cette jeune femme hier, j'ai décidé de venir dire à la police ce que je sais. Ces photos... elles ont été prises par mon père. »

Sœur Mary explique que son père, de son vrai nom Holland Beresford-Smythe, a été pendant longtemps un dramaturge et un metteur en scène célèbre, acclamé par certains et critiqué par d'autres. Son nom n'est pas inconnu de la docteure.

« Pendant des années, mon père a été la coqueluche de Londres, le roi de la rive sud. Il mettait en scène des pièces provocatrices qui dénonçaient la corruption à tous les niveaux de la société, du monde politique au show-business, en passant par les gens ordinaires. Les textes s'appuyaient toujours sur des faits réels. Soit parce qu'il avait surpris des secrets sur des personnes célèbres et puissantes, soit parce qu'il avait une intuition, et tout cela se retrouvait représenté, dans une version à peine retouchée des événements. »

« Je crois avoir vu une retransmission télévisée d'une de ces pièces, dit l'inspecteur Twelvetrees. À propos de parties de tir au Parlement. »

« Oui, c'était *Bullets and Ballots*. Les gens appréciaient son travail. Sauf ceux dont il dénonçait les agissements, bien sûr. Mais protester aurait été perçu comme un aveu. Mon père savait ne pas aller trop loin tout en livrant des messages cachés. »

La docteure Harker est sûre de percevoir une note de mépris dans le ton de sœur Mary. « A-t-il été un bon père ? », demande-t-elle.

Le rire de sœur Mary est beaucoup plus amer que sa voix. « Absolument pas ! dit-elle avec franchise. Peut-être qu'il pensait l'être, mais il aimait trop les excès – le vin, les femmes, la provocation – pour avoir du temps à nous consacrer, à ma mère et à moi. Quand je lui ai annoncé que je souhaitais entrer au couvent, son mépris était palpable. Mais je lui ai pardonné, bien sûr », ajoute-t-elle avec sagacité. Le portrait livré par sœur Mary offre un contraste puissant avec le vieil homme aimable que la docteure Harker a connu. Il ne ressemble pas non plus à l'homme plus déterminé, mais toujours chaleureux, qui dirigeait *L'Étoile de Noël* chaque année.

« Il était inévitable que ce grand révélateur de secrets ait eu ses propres secrets. Quand ces derniers ont été découverts, ses ennemis ont été féroces, poursuit sœur Mary. En 1991, ses liaisons avec des femmes mariées, ses manipulations et le fait qu'il avait volé de l'argent dans la caisse de ses productions ont été révélés au grand jour, et il a été banni de Londres du jour au lendemain. Il aurait sans doute fait de la prison si Lady Miriam ne lui avait pas trouvé un emploi ici. Grâce à cette femme horrible, il s'en est finalement tiré à bon compte. »

« Vous dites que vous pensez qu'il est l'auteur des photos du calendrier », dit la docteure Harker, essayant de ramener la conversation sur le sujet qui les occupe.

« Oui. Oubliez le gentil vieillard que vous pensiez connaître, dit sœur Mary d'un ton assez brusque. C'est tout à fait son style. Regardez le programme d'une de ses anciennes pièces… »

Sœur Mary sort un vieux programme de théâtre, visiblement bien préservé.

Le programme comporte huit éléments qui indiquent que Mr Holly est l'auteur du calendrier de l'Avent. Pouvez-vous les identifier ?

Cela semble assez convaincant : les images se ressemblent beaucoup. « Mr Holly a dû les dessiner lui-même. Je pense que nous pouvons exclure que votre père ait simulé sa propre mort, déclare l'inspecteur Twelvetrees, en essayant d'être sensible. Il me semble donc qu'il a dû avoir un ou plusieurs complices. »

« Van Nuys était-il l'un d'entre eux ? Ou juste un imposteur ? Et l'ont-ils tué parce que leur projet a échoué ? », s'interroge la docteure Harker.

« Quoi qu'il en soit, je pense très probable que votre père ait été assassiné par son complice, déclare l'inspecteur Twelvetrees, l'air malheureux. Lady Miriam ne va pas aimer ça… »

« Lady Miriam peut aller se fourrer la tête dans un tas d'excréments de rennes », réplique sœur Mary d'un ton mielleux.

15 décembre

OISEAU

La rencontre de la docteure Harker avec sœur Mary a changé son point de vue. Elle était tellement choquée qu'elle a à peine écouté l'inspecteur Twelvetrees lorsqu'il a évoqué l'enquête à venir sur la mort de Mr Holly.

Sœur Mary séjourne apparemment chez une amie dans la région et a dit qu'elle passerait voir la docteure Harker le lendemain. Celle-ci ne lui a pas demandé ce qu'elle faisait, car sa tête était pleine de questions. Si Mr Holly avait préparé les images du calendrier, avait-il aussi prévu les « farces » violentes commises à l'encontre des détenteurs de secrets ? Que voulait-il faire de tout cela ? Cherchait-il à dénoncer les hypocrites du village ? Ou à donner aux gens l'occasion de se décharger de leur fardeau ? Et que sait Avent de la présence de sœur Mary, ou de l'avancée de l'enquête menée par Harker et Twelvetrees ? À ce stade, tout ce que la docteure peut faire, c'est d'attendre le prochain message.

Twelvetrees essaye d'obtenir l'autorisation d'établir une surveillance dans le village. En attendant, il a décidé de travailler avec la docteure Harker. Il s'inquiète pour sa sécurité, même s'il estime qu'Avent semble avoir besoin d'elle pour jouer sa partie. Il arrive au cottage de la docteure Harker à 7 h 30. Il est en train de manger une tartine de pain grillé quand l'ordinateur annonce un nouveau message.

Aujourd'hui, l'image du calendrier de l'Avent est un oiseau. « Il ressemble à celui qui se trouvait sur l'arbre de Noël le 4 décembre, remarque la docteure Harker. C'est un miro à poitrine blanche. »

« La cible ne peut quand même pas être encore Duncan Testwood, n'est-ce pas ?, observe l'inspecteur. Avent s'attaquerait-il plus d'une fois à la même personne ? »

« Je n'en ai aucune idée, répond Harke, un peu agacée. Je ne comprends pas sa logique. Parfois, on dirait qu'il veut que sa victime avoue son secret pour qu'elle ne soit pas prise pour cible, comme avec Dove hier. D'autres fois, il agit tellement rapidement que la victime n'a pratiquement pas le temps de se confesser. »

« Si nous travaillons ensemble aujourd'hui, nous pourrons peut-être le prendre en flagrant délit », espère l'inspecteur en tartinant de confiture une autre tranche de pain grillé.

Cela donne une idée à la docteure Harker. « Et si Avent avait tué Mr Holly à cause d'un désaccord entre eux ?, s'interroge-t-elle. Tout ce que nous savons, c'est que Mr Holly a dessiné les images. Nous pouvons écarter l'idée qu'il ne faisait qu'un innocent calendrier de l'Avent à cause de certains détails cachés dans plusieurs images. Mais nous ne savons pas vraiment ce qu'il avait l'intention de faire. Et si son complice avait d'autres intentions ? »

« *Cui bono ?,* demande l'inspecteur. "À qui profite le crime ?" C'est une question cruciale que tout policier doit se poser avant d'enquêter sur un crime. Il ne s'agit pas toujours d'un gain financier ou matériel. Dans certains cas, un acte de vengeance est jugé bénéfique. »

« Dennis Seaton, lance rapidement la docteure Harker. Il est toujours en train d'essayer d'acheter des propriétés dans les environs, en particulier à Lady Miriam. Mais leur prix est très élevé. Si les gens d'ici ou des visiteurs découvrent qu'un fou s'en prend aux habitants du village, la valeur de ces propriétés s'effondrerait. »

« Mais il a été visé le 6 décembre », rappelle l'inspecteur.

« Une façon classique de se faire passer pour un innocent !, réplique Harker. Je ne dis pas que c'est lui, mais cela vaut la peine de lui parler. Après tout, il a construit un domaine dans les bois où le miro a été repéré. Et nous ne savons pas si les gens peuvent être ciblés deux fois. »

L'inspecteur acquiesce, mordant dans sa dernière tartine tandis que tous deux se dirigent vers la porte. Les bureaux de Dennis Seaton, situés dans la zone d'activité au sud-ouest de Gandelestow, contrastent avec les vieilles bâtisses du village. C'est un bâtiment fonctionnel qui réuni plusieurs blocs en briques rouges. La secrétaire les accueille avec l'expression neutre de quelqu'un qui est bien payé mais qui se fait régulièrement engueuler. Seaton est affalé derrière un imposant bureau en bois sombre. La docteure Harker lui montre l'image du miro.

« Alors, c'est la dernière dépêche du pays des fous ?, demande-t-il en y jetant un coup d'œil. Un miro à poitrine blanche, n'est-ce pas ? Les écologistes n'arrêtaient pas d'en parler d'eux quand j'ai construit le domaine. Comme s'ils étaient déterminés à m'empêcher de gagner de l'argent. Ils prétendent que cet oiseau est menacé d'extinction ou quelque chose d'aussi stupide, dit-il, sans remarquer le regard noir que lui lance la docteure Harker. J'ai dû écouter tout ce qu'il faut savoir sur ces bêtes pendant des mois. Ce qu'elles mangent, comment elles s'accouplent, bla bla bla. Je leur disais que ce n'était qu'un albinos, mais ils ne voulaient pas l'entendre. Le pire, c'est que Sa Seigneurie, au manoir, était de leur côté. »

« Sir Humphrey ? », demande l'inspecteur. Sir Humphrey est le mari de Lady Miriam et la plupart des gens le considèrent comme une sorte d'appendice. C'est un homme sympathique, dans le style gentleman-farmer. On le voit le plus souvent au pub ou observer les environs avec sa fidèle paire de jumelles, toujours pendue à son cou. Il laisse à Lady Miriam le soin de gérer leur domaine et le village.

« Oui, Humphrey. D'ailleurs, je m'entends bien avec lui, poursuit Seaton. Mais cet oiseau est sa baleine blanche. Comme dans le livre *Sauvez Willy*. Il ne veut pas le tuer, juste le photographier. D'ailleurs, il semble avoir eu de la chance tout à l'heure. » Seaton tapote sur son ordinateur et fait pivoter l'écran pour montrer la photo floue d'un oiseau blanc. Elle a été postée par un certain SirHumph65 sur un forum de discussion pour ornithologues, avec la légende suivante : « J'ai failli manquer ma beauté insaisissable ! Je vais m'installer ici pour voir s'il repasse. » Le reste des commentaires proviennent d'autres ornithologues du coin qui pensent avoir repéré le miro en train de voler entre Kelsey Copse et The Great Tree.

« Je ne suis pas sûr qu'il apprécierait que les gens sachent qu'il passe son temps sur des forums au lieu de s'intéresser à la gestion du domaine », déclare Seaton avec un petit rire.

« Vous consultez souvent des forums d'ornithologie, Mr Seaton ? », s'enquiert l'inspecteur avec une pointe d'insolence dans la voix.

La docteure Harker se lève brusquement. « Merci Dennis, je vous verrai à la répétition demain », dit-elle, et elle se dirige vers la sortie, invitant l'inspecteur à la suivre immédiatement. « Nous devons vite retrouver Sir Humphrey », dit-elle.

L'inspecteur Twelvetrees l'approuve. Tandis qu'ils se hâtent de regagner la voiture, il appelle Lancaster Manor. Stuyvesant va parler avec Rickerby, le valet de chambre de Sir Humphrey, puis reviendra faire son rapport. « Rickerby dit que Sa Seigneurie a quitté la maison ce matin, pour se rendre vers Buntroc Forest, au nord-ouest du manoir. Sir Humphrey semblait tout excité à l'idée d'apercevoir le miro, et Rickerby dit qu'il s'est dirigé rapidement vers l'entrée la plus proche, le portail principal. Si j'avais pu le voir avant, je lui aurais dit qu'il est fermé.

Vandemar n'arrête pas de sortir et Sa Seigneurie n'a pas la clé. » L'inspecteur, l'air confus, remercie Stuyvesant et raccroche.

« Vandemar est leur chèvre domestique », ajoute la docteure Harker en roulant aussi vite que le lui permet sa petite voiture. Avec les informations dont nous disposons, nous pouvons déterminer où se trouve Sir Humphrey en ce moment.

Sachant la direction que Sir Humphrey a prise et connaissant les mouvements du miro, pouvez-vous deviner l'endroit où Sir Humphrey se trouve ?

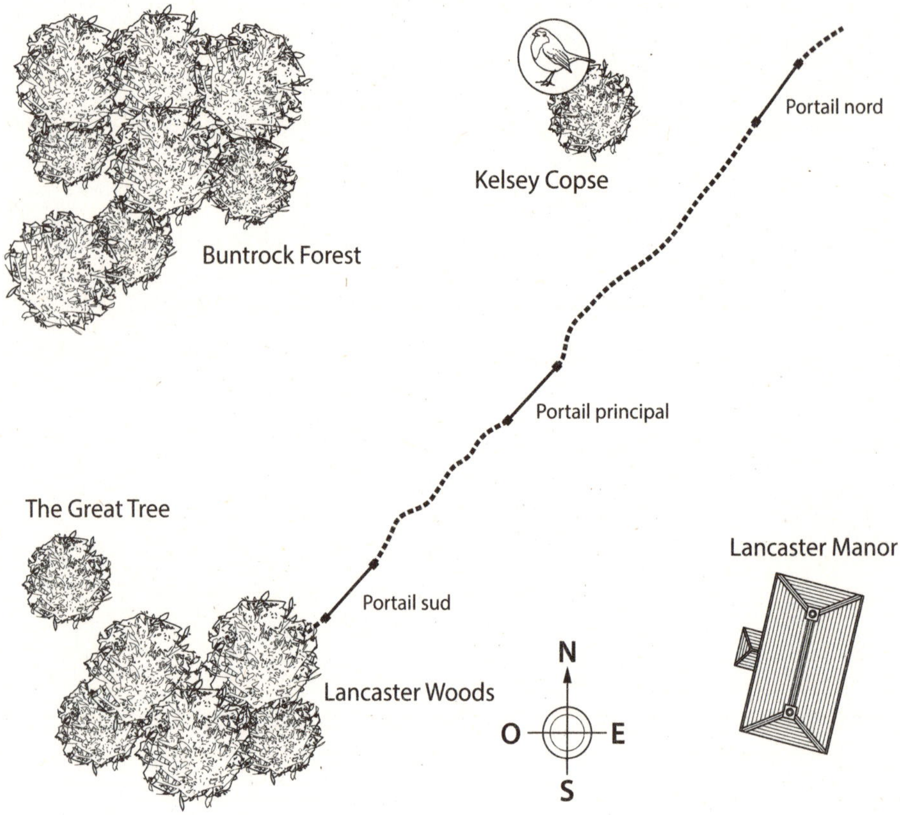

La docteure Harker se dirige en voiture vers l'endroit où se trouve Sir Humphrey, mais ils doivent aller à pied après avoir atteint la clôture. Ils traversent les champs enneigés aussi rapidement qu'ils le peuvent.

« Que va-t-il lui arriver ? », s'inquiète l'inspecteur paniqué.

« Pas la moindre idée », dit la docteure Harker, légèrement essoufflée.

Soudain, ils l'aperçoivent, assis sur sa chaise-canne, avec ses éternelles jumelles. une fine couche de neige s'est déposée sur son chapeau et son manteau. Harker et Twelvetrees se mettent immédiatement à crier son nom, et il se retourne, l'air mécontent. « Faites moins de bruit, dit-il à voix basse. J'attends un oiseau très rare. »

« Sir Humphrey, vous êtes en danger ! », s'écrie Twelvetrees.

« Vraiment ? Tant pis, dit Sir Humphrey, désinvolte. Ah, il est presque midi, je ferais bien de déjeuner. » Il se dirige vers sa boîte à lunch, déposée un peu plus loin.

Réfléchissant à toute vitesse, la docteure Harker la ramasse aussitôt et la projette le plus loin possible.

« Docteure Harker ?! », dit Sir Humphrey.

Tous les trois sont soudain projetés en arrière par une puissante explosion. Des dizaines d'oiseaux s'envolent des arbres voisins et la docteure Harker voit Sir Humphrey, abasourdi, prendre ses jumelles pour observer le lieu de l'explosion. Quand leurs oreilles ont cessé de bourdonner, Sir Humphrey se retourne vers ses visiteurs. « Bon Dieu ! qu'est-ce que Rickerby a mis dans mes sandwichs ? »

❄

Lady Miriam semble sincèrement désemparée en apprenant que Sir Humphrey a failli être tué. La docteure Harker connaît la rumeur qui circule au village sur la mésentente qui régnerait dans le couple, mais elle pense que c'est en fait la relation de Lady Miriam avec Humphrey qui l'a incitée à revenir habiter la maison de ses ancêtres à la fin des années 1980.

Humphrey n'a pas vu l'e-mail qu'il a reçu ce matin – d'ailleurs, il regarde de moins en moins souvent sa messagerie. Et tout le monde sait qu'il n'aurait rien fait, même s'il l'avait vu. La détresse de Lady Miriam est vite remplacée par une haine aveugle envers Avent, bien que tempérée par sa volonté de préserver la paix à Candlestow. « Trouvez cette personne, dit-elle. Je parlerai au surintendant en chef et lui ferai comprendre que toutes les ressources doivent être mises à votre disposition. Mais, s'il vous plaît, ne gâchez pas cette saison pour les touristes et les habitants. Ce lâche veut manifestement ruiner Candlestow. » Sonnant la cloche pour que l'on raccompagne Harker et Twelvetrees, elle ajoute d'un ton menaçant : « Je veux que tout soit réglé à Noël. »

En quittant Lancaster Manor, Harker demande à l'inspecteur pourquoi il n'a pas dit à Lady Miriam qu'ils soupçonnent Mr Holly d'avoir fabriqué le calendrier de l'Avent. « Premièrement, elle n'est pas mon supérieur, malgré son comportement. Deuxièmement, franchement… je ne suis pas sûr qu'elle soit vraiment impliquée dans cette affaire. »

16 décembre

CHORALE DE NOËL

La docteure Harker est d'accord avec Lady Miriam sur un point : elle veut que les choses redeviennent comme avant. Elle a toujours aimé Noël à Candlestow, même si le village regorge de visiteurs. Bien sûr, elle n'oublie pas que ce moment de l'année n'est pas rose pour tout le monde – elle a passé près de quarante ans à aider ses patients pendant la période précédant les fêtes –, mais elle aime croire qu'un esprit bienveillant est à l'œuvre au moment de Noël.

Elle ne réussit pas à envisager Mr Holly comme un snob cynique, se cachant dans le village et se moquant des gens par-derrière, recueillant leurs secrets pour les retourner contre eux. Certes, elle n'est pas à l'abri d'une erreur, mais elle sait juger les caractères. Certains habitants ne sont pas ce qu'ils paraissent : par exemple, Mr Noakes ! Mais Mr Holly a toujours semblé sincèrement heureux et bienveillant. C'est pour cette raison que, lorsqu'il lui a demandé de l'aider pour la pièce, elle a accepté, même si son rôle consiste surtout à faire plein de petites tâches ingrates.

À 8 h ce jour-là, elle reçoit de nouveau un message anonyme, cette fois avec l'illustration d'une chorale de Noël. Comme le gâteau du 8 décembre, cette image est explicite, et Harker comprend tout de suite ce qu'elle signifie : c'est aujourd'hui le jour du très populaire Ahlberg Close Christmas Carol Singathon.

Chaque année, un groupe de villageois chante en faisant le tour d'Ahlberg Close. Ils commencent à chanter devant la boîte aux lettres à l'entrée de l'enclos, et ne s'arrêtent qu'après avoir visité les sept maisons. Harker ne sait pas quand cet événement a été créé, mais c'est une autre source de recettes pour le comité, et la crainte qu'Avent perturbe cette tradition l'inquiète.

L'inspecteur arrive à 8 h 50. « Excusez mon retard. Je devais parler avec mon responsable. »

Lady Miriam a tenu parole et demandé que l'inspecteur Twelvetrees ait accès à « toutes les données ». En réalité, cela ne l'aidera pas beaucoup. Mettre plus de policiers dans les rues va à l'encontre de l'idée que Candelstow est un havre de paix, et il est très difficile d'infiltrer des agents dans un endroit aussi petit. « J'ai libre accès aux laboratoires de la police scientifique, mais ils ne sont pas aussi sophistiqués que ceux que l'on voit à la télévision. Vous ne pouvez pas prélever les empreintes digitales sur une abeille, même si Avent ne portait pas de gants. Et les experts en informatique affirment que l'empreinte numérique des courriels a été très habilement dissimulée. Ils ne peuvent pas non plus décrypter les fichiers que Harry Dyall nous a envoyés. »

Il s'assoit. « Ce dont nous avons besoin, c'est d'une opération d'infiltration. Déterminer où Avent va se trouver, puis mettre en place une surveillance et le prendre sur le fait. Mais comment savoir ce qu'il fera ensuite ? Tout ce que nous avons, c'est qu'il nous a envoyé une image de calendrier de l'Avent tous les jours depuis le début du mois. »

« Sauf le 13 », souligne la docteure Harker. Elle réfléchit un instant avant de poursuivre : « Vous avez une chance à saisir. » En lui montrant l'image de la chorale de Noël, elle précise : « Nous avons ici une heure et un lieu précis, avec une seule entrée et une seule sortie. »

En consultant le site du Singathon, elle a remarqué que certains membres du comité des fêtes font aussi partie des organisateurs du Singathon, et Harker décide donc de se rendre chez Mandy Joseph. À son arrivée, Mandy est en train de mettre au point les derniers détails pour la répétition générale de la pièce.

« Savez-vous que Lady Miriam a essayé de convaincre Tony Blankenship de diriger la pièce ? s'indigne Mandy. Je n'ai rien contre la publicité, mais Mr Holly se retournerait dans sa tombe – si on avait pu l'enterrer. Ce sale type de Van Noise qui l'a installé sur la tour nous a rendu un fier service, que Dieu ait son âme. »

La docteure Harker réussit à détourner Mandy de ce sujet en lui proposant de l'aider à organiser le Singathon, afin qu'elle puisse avoir plus de temps pour avancer sur la représentation. Mandy a toujours du mal à déléguer, mais elle connaît la compétence de son interlocutrice, et elle accepte donc son offre.

Comme on peut s'y attendre, les membres de la chorale ont beaucoup changé au fil du temps. Certains ont abandonné parce qu'ils sont devenus trop âgés, d'autres parce qu'ils ont déménagé, d'autres encore parce que cette activité ne les intéressait plus vraiment. Il y a quelques années, Harker elle-même avait aussi refusé de rejoindre le groupe, expliquant qu'elle ne savait pas chanter et qu'elle risquait de faire fuir les auditeurs. Le seul chanteur qui reste de l'équipe d'origine est Robert

Mackintosh, un homme de quatre-vingt-onze ans étonnamment vigoureux, dont la voix de baryton, plutôt chevrotante, reste facile à repérer.

De tous les chanteurs auxquels la docteure Harker a téléphoné, c'est lui qui s'est montré le plus enthousiaste. Avec tous ses interlocuteurs, elle a mentionné comme en passant l'image qui orne leur partition, une chorale au milieu d'un cœur, en prétendant qu'elle a découvert ce motif sur le site du Singathon. Tous ont plaidé l'ignorance, y compris Mr Mackintosh, mais cinq minutes après lui avoir parlé, elle a reçu un appel de sa fille, Elspeth. « Docteure Harker, j'ai entendu par hasard votre conversation avec papa, et je voulais vous dire que nous avons reçu ce matin un courriel contenant l'image que vous avez mentionnée », chuchote Elspeth.

« Vraiment ? », répond la docteure Harker, en essayant de ne pas paraître trop curieuse.

« Oui, et cela m'a inquiété parce que papa a des problèmes cardiaques. »

« Ce n'est pas inhabituel pour quelqu'un de son âge, dit la docteure Harker, en adoptant automatiquement sa voix rassurante de médecin. Bien sûr, je n'ai jamais été son médecin traitant, je ne peux donc pas être sûre de ses antécédents. »

« Son médecin a décrit son état comme "extrêmement instable". En fait, un choc est susceptible de provoquer une crise cardiaque. »

« Oh là là, dit la docteure. Il devrait peut-être renoncer au Singathon. »

« Mon Dieu, non ! dit Elspeth. Si je le lui suggérais, il serait tellement choqué que cela déclencherait l'attaque. Il vaut mieux qu'il participe. Ce n'est pas comme si quelque chose d'inhabituel devait se produire. »

« Hmm », répond la docteure Harker. Un peu plus tard, elle transmet l'information à l'inspecteur Twelvetrees, qui est d'accord avec Elspeth. « Qui peut dire qu'Avent ne s'en prendra pas à lui s'il reste chez lui ? Je vais infiltrer des agents dans la foule, et si quelque chose se produit, nous serons bien placés pour agir. En plus, vous êtes médecin ! C'est parfait. »

« Hmm », dit la docteure Harker.

L'heure de l'événement est enfin arrivée. Le sol est recouvert de neige et les lampions que portent les chanteurs éclairent leurs visages, contribuant à l'atmosphère magique qui règne sur Ahlberg Close. Les chanteurs sont déguisés comme des personnages de Dickens. Parmi eux, Mr Mackintosh a l'air absolument ravi quand ils commencent à entonner *God Rest Ye Merry Gentlemen* (« Que Dieu vous garde »).

Au moment où la chorale se dirige vers la première maison, l'inspecteur reçoit un message de l'un des agents. « Quoi ? Vraiment ? OK, j'arrive. »

Il se tourne vers Harker : « Jensen vient de me dire qu'il a vu un loup-garou, dit l'inspecteur. En fait, il s'agirait d'un mannequin. »

La docteure Harker a une révélation. « Avent est déjà passé par là », se dit-elle. Frénétiquement, elle observe l'enclos avec ses maisons, le chemin qui passe derrière les habitations et les décorations de Noël. « Je parie que le parcours est truffé de pièges destinés à déclencher une crise cardiaque chez ce pauvre Mr Mackintosh ! »

Twelvetrees ne perd pas de temps : « Je demande aux officiers de se déployer et d'interrompre le Singathon. »

« Non, c'est impossible ! », réplique la docteure Harker alors que l'inspecteur s'apprête à lancer un appel à ses hommes. « Elspeth a dit que la moindre inquiétude chez Mr Mackintosh pourrait suffire à provoquer une attaque. »

L'inspecteur Twelvetrees soupire : « Alors, je vais leur demander de surveiller les sorties, au cas où. Et je suppose que vous et moi allons essayer de désactiver secrètement ces pièges. »

Vous devez trouver un itinéraire permettant à Harker et à l'inspecteur de désactiver les différents pièges avant que Mr Mackintosh ne les découvre. Vous pouvez utiliser les objets dénichés en chemin pour vous aider.

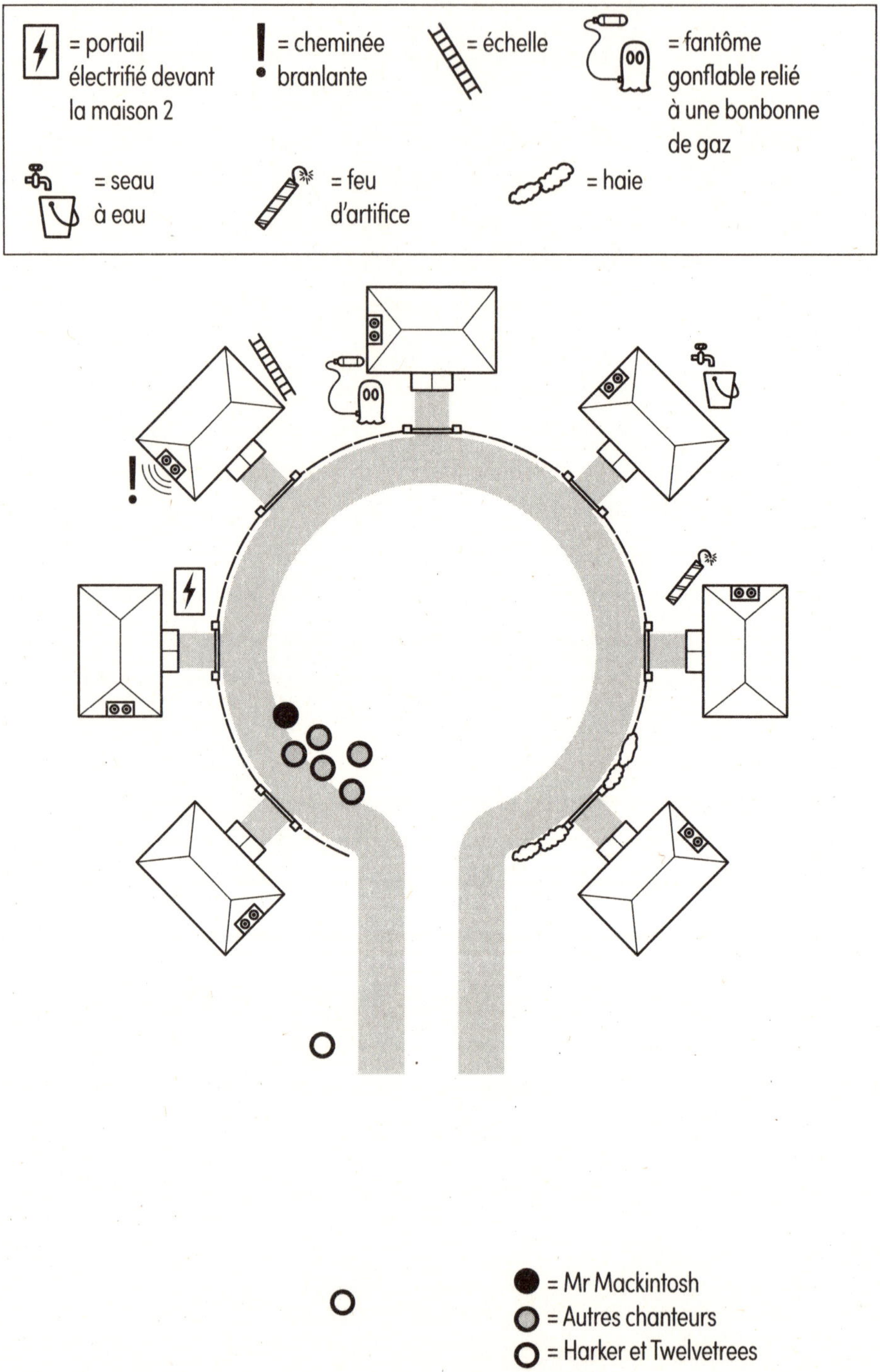
= portail électrifié devant la maison 2
= cheminée branlante
= échelle
= fantôme gonflable relié à une bonbonne de gaz
= seau à eau
= feu d'artifice
= haie
= Mr Mackintosh
= Autres chanteurs
= Harker et Twelvetrees

La docteure Harker et l'inspecteur Twelvetrees se sont littéralement écroulés près de la septième maison, au moment où les chanteurs, tout aussi fatigués, terminaient *Hark the Herald Angels Sing* avant de s'incliner sous les applaudissements.

L'inspecteur écoute les rapports de ses agents: « Pour eux, rien ne montre que quelqu'un soit à l'origine de ces pièges. Tout cela n'a servi à rien… »

« Cela a au moins servi à sauver la vie de Mr Mackintosh. D'ailleurs, tout n'est pas fini », déclare Harker en s'emparant avec précaution d'une botte Wellington verte, les doigts protégés par un mouchoir. Je me demande si Avent n'était pas lui-même un peu pressé. Cela ressemble à l'une des vieilles bottes de Mr Holly…

17 décembre

LUTIN

L'inspecteur a raison de dire que rien ne ressemble plus à une paire de Wellington qu'une autre paire de Wellington, mais la docteure Harker est convaincue que le motif écossais de la doublure intérieure et la fleur de lys sur le côté expliquent pourquoi Mr Holly portait tout le temps ces bottes, aussi bien quand il s'occupait du jardin de l'église que quand il dirigeait les répétitions de *L'Étoile de Noël.* L'inspecteur a rapporté la botte au commissariat, bien décidé à l'envoyer au laboratoire pour voir ce que les experts en diront.

Harker est convaincu que les apparitions de Mr Holly dans le village peuvent s'expliquer par le fait qu'Avent utilise des objets ayant appartenu à Mr Holly comme déguisement pour accomplir ses actes meurtriers.

Sœur Mary a proposé de passer voir la docteure Harker aujourd'hui, et l'inspecteur dit qu'il les rejoindrait plus tard, afin de donner à sa « collaboratrice » le temps de questionner la religieuse sans qu'il soit présent. Harker lui a quand même envoyé la dernière image reçue, qui représente un lutin de Noël. Pour sa part, elle n'aime pas la prolifération de ces lutins comme symboles de Noël, les trouvant un peu sournois, mais dans leur travail d'enquêteurs, ils doivent suivre les indices qu'on leur donne.

En arrivant, sœur Mary ne semble pas avoir très envie de s'attarder sur le passé de son père., mais paraît plutôt vouloir se livrer à une critique en règle du laxisme moral des habitants de Candlestow. « Quand mon père a été envoyé ici, j'imagine qu'il s'est senti transporté au paradis, dans un hameau doux et innocent, dit-elle en se servant d'un gâteau. Mais cet endroit est aussi truffé de péchés et de mensonges que les soirées alimentées à la cocaïne qu'il fréquentait à Londres. Et je ne blâme pas son influence. J'ai beau être une religieuse, je ne suis pas aveugle à l'atmosphère délétère qui règne dans les petits villages comme celui-ci. Surtout ceux qui ressemblent à un décor du XIXe siècle comme on en peut en voir sur les boîtes de chocolat. »

« Vous n'avez pas l'air d'être une grande adepte des principes religieux de l'amour et du pardon », lance la docteure Harker avec ironie.

Sœur Mary semble se ressaisir et son visage retrouve toute sa placidité. « Désolée ! Bien sûr, je pardonne et je comprends les pécheurs, même ceux qui n'embrassent pas ma foi. Mais je pense que c'est normal… Quels que soient mes sentiments à son égard, il mérite que justice soit faite. Or il est difficile de trouver son assassin quand… J'ai l'impression que beaucoup de gens dans ce village seraient capables de mettre fin à la vie d'un autre pour sauver leur réputation. »

La docteure Harker n'est pas d'accord, mais ce n'est pas de cela qu'elle souhaite s'entretenir avec sœur Mary et elle veut la laisser parler. « Vous n'avez eu aucun contact avec lui ?, demande la docteure Harker. Son complice devait être une personne en qui il avait confiance. Au début, en tout cas. »

« Je vous l'ai dit, la dernière fois que je l'ai vu, c'était en 1991. Il a pris son manteau et son chapeau et il est parti sans dire au revoir, réplique sœur Mary, assez sèchement. À mon avis, vous êtes la plus à même de savoir avec qui il était ami. Tout le monde, d'après ce que j'ai entendu dire. »

Harker devine de l'amertume dans la voix de sœur Mary, blessée que son père ait coupé tout contact avec elle. Mais c'est vrai, tout le monde aimait Mr Holly. Elle se demande avec qui il passait beaucoup de temps et, soudain, elle pense aux lutins et au fait qu'on les confond souvent avec les *pixies*… ou les Wixies.

« J'ai une course à faire ! », lance alors la docteure Harker. Elle tente de décourager sœur Mary de l'accompagner, mais la religieuse ne veut rien entendre. Elles sortent toutes les deux dans la neige légère pour se rendre chez Wilde's Wixies. À l'intérieur, Valerie ramasse un petit tas de Wixies cassés sur le sol.

« J'essayais de mettre en place la marchandise pour les derniers jours avant Noël, mais je suis allée trop vite, comme d'habitude. Il n'y a pas assez d'heures dans une journée ! » La docteure Harker s'agenouille et commence à l'aider. Elle remarque que sœur Mary jette un regard soupçonneux sur certains Wixies.

Harker montre l'image de lutin à Valerie, qui semble sur la défensive. « Est-ce que c'est à propos de cette histoire de calendrier de l'Avent ? Beaucoup de gens disent que Van Nuys est derrière tout ça, mais il y a quelque chose qui cloche. »

« Personne ne vous a envoyé cette image ? », demande la docteure Harker.

« Non. D'ailleurs, je ne l'aurais sans doute même pas remarquée, vu tous les e-mails que je reçois pour des commandes de Wixies. »

« Cela vous dérange si je vous questionne sur votre amitié avec Mr Holly ? », dit la docteure Harker.

« Mais nous étions tous amis avec lui, n'est-ce pas ? », dit Valerie, remarquant tardivement qu'il y a une religieuse dans son magasin.

« D'une certaine manière, oui, mais il venait assez souvent vous voir… »

« Peut-être », dit Valerie en regardant sœur Mary.

« Je pense que vous aviez tous les deux beaucoup de choses en commun, dit soudain sœur Mary. Regardez ces lutins. »

« Ce sont des Wixies », dit Valerie en fronçant les sourcils.

« Si vous voulez. Quoi qu'il en soit, ce sont des caricatures des habitants de la région. Celui-ci, avec le manteau, est clairement le gardien du parc. Et cette petite avec le nez pointu ressemble à Mandy Joseph. En fait, beaucoup de figurines ressemblent à Lady Miriam. »

« Qui êtes-vous, ma sœur ?, interroge Valerie. Vous semblez bien connaître les habitants de la région. »

« Vous plantez des épingles dedans quand personne ne vous regarde ? », dit sœur Mary, en haussant le ton.

Avant que la docteure Harker puisse prononcer un mot pour calmer la situation, son téléphone se met à sonner bruyamment,. C'est un appel de l'inspecteur. Elle sort en courant de la boutique en traînant avec elle la religieuse. « Docteure Harker, pourriez-vous me rejoindre à l'ancienne fabrique de jouets ? Il y a un problème. »

Bon sang, mais c'est bien sûr ! Elle était tellement absorbée dans ses pensées qu'elle a manqué la chose la plus évidente. Un peu nerveuse à l'idée de laisser la religieuse toute seule au risque qu'elle offense tout le village, Harker s'excuse auprès de sœur Mary et se dirige vers sa voiture.

L'Old Toy Factory est un musée aménagé dans une ancienne fabrique de jouets qui n'a jamais été très florissante. Pour tout dire, le musée ne l'est pas tellement plus. Cette année, la direction a décidé de sauter dans le train des expériences « immersives » en organisant un atelier de Noël où les enfants pourraient jouer les lutins.

Quand la docteure Harker arrive, le bâtiment a déjà été évacué et l'inspecteur Twelvetrees l'attend dehors. « Quand vous m'avez envoyé l'image, j'ai tout de suite pensé à cet endroit, dit-il d'un ton posé – elle en est sûre, il n'y a pas trace de suffisance dans sa voix. J'étais là depuis quelques minutes quand un enfant s'est blessé. Il s'est cassé une dent en croquant dans un sucre d'orge en plastique glissé au milieu d'un tas de bonbons. C'est peut-être un accident, mais il y a quelque chose dans ces salles qui ne me convient pas. Je pense qu'Avent les a trafiquées. Qu'en pensez-vous ? Pouvez-vous m'aider à trouver ce qui ne va pas ici ? »

Chacune des trois salles présente un danger. Pouvez-vous les identifier ?

Salle 1 : quelque chose dans cette salle réserve une mauvaise surprise aux enfants qui trient les lettres du père Noël.

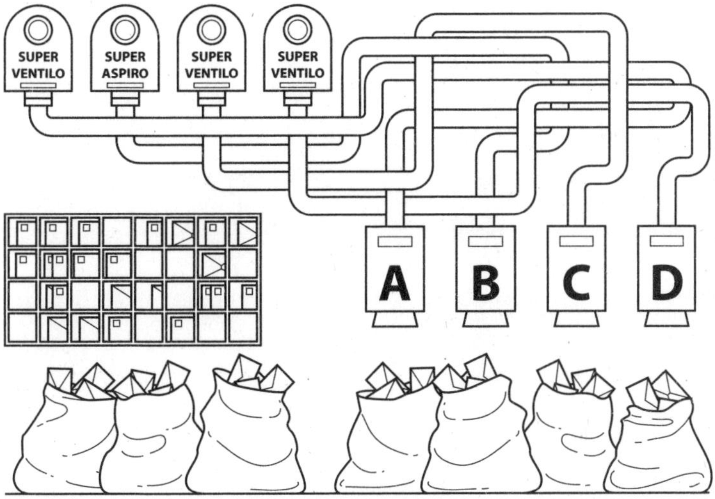

Salle 2 : il y a un danger caché parmi les trois rennes robotisés. Pouvez-vous l'identifier ?

Salle 3 : dans cette salle pleine de tapis roulants, un enfant risque de se blesser gravement s'il se tient à un endroit précis. Pouvez-vous identifier cet endroit ?

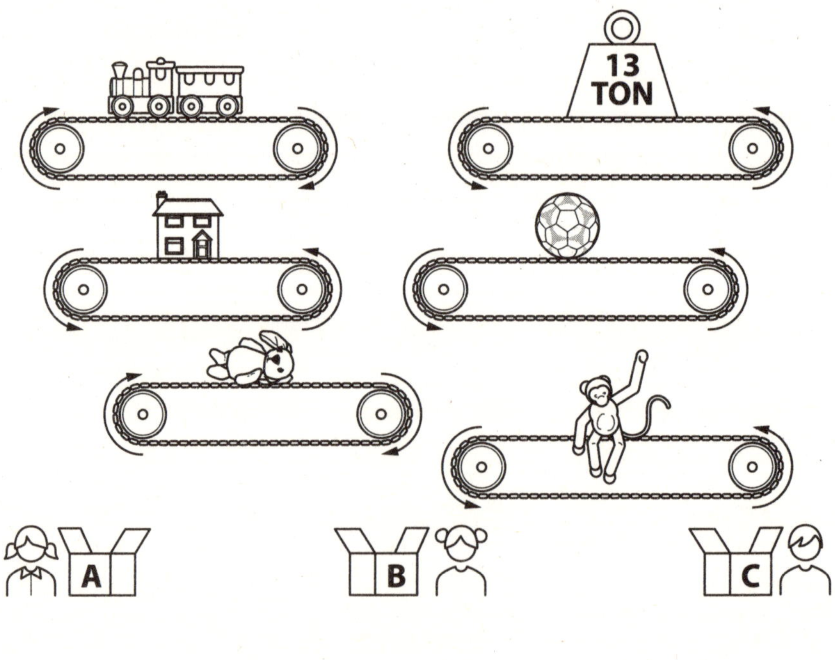

Après avoir trouvé les pièges, la docteure Harker et l'inspecteur vont s'asseoir dans la cafétéria pour faire le point. « C'est quand même un comble ! S'en prendre à des enfants, s'emporte l'inspecteur en secouant la tête avec consternation. S'il ne tenait qu'à moi, je ferais venir trois fourgons de policiers et je ferais fouiller toutes les maisons. Cela ne peut plus durer. »

« Je me suis rendue à la boutique Valerie Wilde tout à l'heure, dit la docteure Harker. Sœur Mary m'a fait remarquer que les figurines de Valerie semblent être des caricatures des habitants du village. C'était aussi un peu le principe des pièces que montaient Mr Holly à Londres. Et il venait assez souvent voir Valerie. »

L'inspecteur hausse les sourcils. « Vous pensez qu'elle est suspecte ? »

« Je ne sais pas, répond honnêtement Harker. Elle a à peine le temps de rendre visite à sa mère. Comment pourrait-elle arpenter la ville, pirater des ordinateurs et enterrer des gens vivants ? »

« Je pense que Dennis Seaton est un candidat plus solide. Si vous connaissiez tout ce qu'il est capable de faire, vous diriez sans doute que c'est un sale type. Même si tout est légal, bien sûr. C'est comme l'Elf Experience, ajoute-t-il en désignant d'un signe de la main un bâtiment en face du musée. Il prétend donner de l'argent à des œuvres de charité alors qu'il en empoche la plus grande partie ! Je les ai contrôlés avant de venir ici… J'imagine que c'est la raison pour laquelle le lutin sur l'image a l'air si content de lui. Sœur Mary a raison de dire qu'il y a beaucoup de corruption dans ce village. »

« Ce qui m'amène à mon autre soupçon. Sœur Mary semble tellement fâchée contre le village. Est-ce que nous ne devrions pas la traiter comme une suspecte ? »

« Mais elle n'avait plus de contact avec Mr Holly », s'étonne l'inspecteur.

« C'est elle qui le dit, dit Harker. Quand on l'entend parler de Candlestow, on a l'impression qu'elle connaît très bien le village… et qu'elle le déteste. »

18 décembre

CASSE-NOISETTE

La docteure Harker a peut-être son idée sur les suspects possibles, mais l'inspecteur suit depuis quelques jours une piste qu'il pense être sur le point d'aboutir. Il s'agit des faux aveux de Van Nuys et de sa mort.

Selon Twelvetrees, les aveux de Van Nuys ne collent pas avec sa personnalité, surtout s'il était innocent. Il a donc dû y être contraint, voire poussé à le faire pour protéger quelqu'un. L'inspecteur s'est donc mis à enquêter sur les relations du DJ dans le village. Et pour quelqu'un que tout le monde trouvait odieux et un peu marginal, Van Nuys avait beaucoup de relations.

C'est assez logique. La réputation irréprochable de Candlestow dépend de la perfection de ses habitants, en particulier pour Lady Miriam qui met tout en scène avec un contrôle parfait – plus encore que Mr Holly lorsqu'il dirigeait sa pièce. Van Nuys avait son utilité, car il pouvait se charger de toutes les activités douteuses dont les gens avaient besoin. Et quand il était pris la main dans le sac, on pouvait compter sur lui pour garder le silence.

Sauf qu'il était très prudent et qu'il ne s'est jamais fait prendre. À plusieurs reprises, la police l'a contrôlé, persuadée de trouver sa camionnette pleine de boules à neige de contrefaçon ou de bouteilles de xérès de contrebande, mais soit le véhicule était vide, soit il contenant le matériel du DJ. Sans doute que quelqu'un dans la police lui refilait des informations, mais l'inspecteur est presque certain que ce n'est pas cette personne qui a gavé Van Nuys de houx la nuit du 13 décembre.

À 8 h 07, l'inspecteur se trouve au volant d'une voiture banalisée en direction de Hoffman's Square, avec le sergent Wolstenhome sur le siège passager, quand la docteure Harker lui transmet la dernière image du calendrier : un casse-noisettes.

« Qu'est-ce que c'est ? Les derniers ordres de la docteure ? », s'amuse Wolstenhome.

« Oui, elle nous commande de sauter et je lui demande de quelle hauteur, répond l'inspecteur. Puisque vous devez faire ce que je dis, n'oubliez pas qu'elle est aussi un peu votre chef ! »

« Très bien, Monsieur », dit Wolstenhome, amusé par l'attitude défensive de l'inspecteur.

Hoffman's Square, une petite place à l'écart de la rue principale, est bordée de six boutiques qui, à l'exception de Haircuts by Thor, vendent des articles vintage originaux. L'autre point commun de ces boutiques est qu'elles ont toutes utilisé les « services » de DJ Van Noise. D'ailleurs, elles ont été surveillées par la police l'année précédente au moment des fêtes, mais personne n'a été pris sur le fait, par exemple en train d'écouler les tambourins Stradivarius apparus dans la région à cette époque.

L'inspecteur remarque deux ou trois choses en sortant de la voiture avec le sergent. D'abord, l'horloge qui trône au centre de la place a l'air ancienne, mais elle n'existait pas à l'époque où il habitait le village, il y a quelques décennies de cela. Et ses aiguilles brillent d'une façon inhabituelle, donc soit elles ont été changées récemment, soit elles sont très bien entretenues. Il note aussi que l'horloge est ornée de symboles météorologiques. Peut-être qu'elle comporte un baromètre intégré. Mais il neige, et l'aiguille n'est pas orientée dans la bonne direction.

Se détournant de l'horloge, l'inspecteur Twelvetrees remarque ensuite que toutes les vitrines sont ornées d'une figurine Casse-Noisette. Ce qui lui fait penser à l'image du calendrier de ce matin. Avent se moquerait-il d'eux ? Se demandant ce qu'en penserait la docteure Harker, l'inspecteur Twelvetrees examine les figurines : elles se ressemblent beaucoup et leurs bras sont tous placés dans la même position. Il demande à en regarder une de près et note que l'objet n'est pas creux, donc qu'il ne peut pas servir à dissimuler de la contrebande.

Comme il s'y attendait, aucun des commerçants n'a été très bavard au sujet de Van Nuys. Dawn, de Dawn's Trinkets, a au moins eu l'intelligence de reconnaître qu'elle connaissait son existence, tandis que le gérant de Blow Me Down a déclaré dans un jargon de pirate qui sonnait faux : « Je n'ai jamais vu cet homme depuis que je navigue dans les parages. » Il s'est attiré un regard particulièrement féroce de la part du sergent Wolstenhome. Thor le coiffeur a d'abord essayé de faire comme s'il ne parlait pas un mot d'anglais avant d'expliquer qu'il avait coupé une fois les cheveux de Van Nuys, mais qu'il avait refusé de recommencer parce que ce dernier voulait qu'il dessine un mot grossier au rasoir sur l'arrière de son crâne.

L'inspecteur a demandé aux propriétaires des boutiques pourquoi il y avait des Casse-Noisette en devanture, et chacun a donné une explication différente.

Certains ont dit que ces figurines étaient décoratives, d'autres ont parlé d'un concours. de vitrine. Quant à David, de l'Umbrella Emporium, il a répondu que c'était juste des jouets pour les enfants.

Les deux officiers comparent leurs notes en retournant à la voiture. Le résultat est plutôt maigre. « Ils savent certainement quelque chose, il faut juste leur faire un peu peur », déclare Wolstenhome. Plus facile à dire qu'à faire. Ces gens ont beau s'afficher comme des hipsters branchés et avoir de très médiocres talents d'improvisation, ils ont tous le regard froid et inflexible de criminels avertis. Mais c'est peut-être parce qu'ils travaillent comme commerçants.

Quand Harker appelle, l'inspecteur décroche aussitôt. Il explique qu'il se trouve à Hoffman's Square et qu'il y a des figurines Casse-Noisette partout. « Il semble qu'Avent pourrait les cibler aujourd'hui, alors ? », suggère la docteure Harker.

« Oui. Pour être honnête, il est le bienvenu », a répondu l'inspecteur d'un ton grognon.

« Pourquoi ont-ils fait l'objet d'une enquête l'an dernier ? » demande Harker.

« Pour une histoire de contrefaçons d'antiquités, des coquetiers Fabergé. Nous pensions qu'ils cachaient le matériel dans l'une des boutiques, mais les fouilles n'ont rien donné. »

« Est-ce que les figurines ornaient les vitrines à l'époque ? », demande la docteure Harker.

Twelvetrees fait défiler sur son téléphone les photos de surveillance de la planque. Il peut voir les figurines dans les vitrines et note que la position des bras change tous les jours. « Les Casse-Noisette servent sans doute à indiquer où la marchandise est cachée, observe la docteure Harker. Si Avent est fidèle à ses habitudes, le butin pourrait se révéler plus dangereux que ne l'imaginent ces boutiquiers. »

En partant de ce que vous savez de l'apparition des Casse-Noisette, pouvez-vous déterminer quel magasin cache la marchandise de contrebande ?

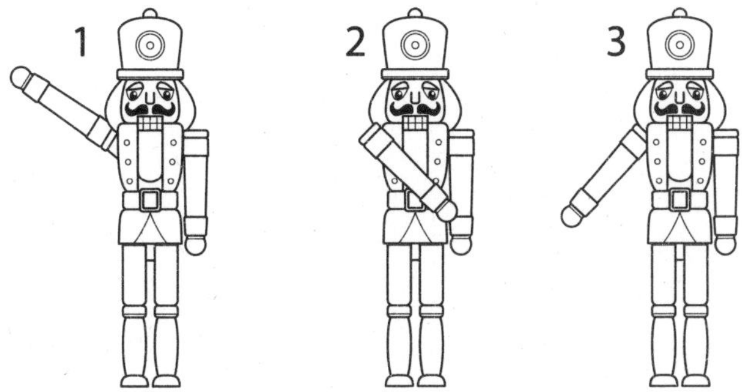

1. Quand la figurine est dans cette position, la marchandise est conservée chez Blow Me Down.

2. Quand la figurine est dans cette position, les objets se trouvent chez Haircuts by Thor.

3. Voilà la posture de la figurine aujourd'hui. Où sont conservés les objets ?

L'inspecteur et le sergent sont entrés dans le magasin où se trouvent les objets cachés et ont expliqué comment ils ont procédé. Si lui et le propriétaire tiennent à leur vie, ont-ils dit au vendeur, ils ont intérêt à leur montrer immédiatement où se trouvent les objets cachés.

Le vendeur a commencé immédiatement à plaider l'ignorance, mais un bruit de percussion soudain et très fort a secoué tout le magasin, et ils se sont précipités dans l'arrière-boutique, les yeux écarquillés. Le propriétaire du magasin, Greg Jannis, est allongé sur le sol, inconscient mais toujours en vie. Devant lui, un énorme trou fumant dans le mur mène à un vide sanitaire, où l'on peut voir un tas de métaux et de verres antiques brisés. Le sergent Wolstenhome appelle immédiatement des renforts et une ambulance, et l'inspecteur Twelvetrees plisse les yeux de frustration. Une bombe ?! Même si elle est petite, les méthodes d'Avent deviennent de plus en plus dangereuses. Jusqu'où iront-ils ? Et Harker et lui seront-ils capables de les arrêter avant qu'ils ne terminent le calendrier ?

19 décembre

LIERRE

La veille, tandis que l'inspecteur essayait de soutirer des informations à des propriétaires peu aimables, Harker se consolait en aidant à l'organisation de la représentation. Les personnes impliquées dans la production n'arrête pas de se disputer à cause du scénario.

L'Étoile de Noël (sous-titrée « Fable d'hiver ») a été écrite il y a des années par Mr Holly. C'est un mélange douceâtre d'histoires de Noël, comme *Casse-Noisette*, *Le Magicien d'Oz*, *La Petite Fille aux allumettes* et encore bien d'autres. Mais elle est jouée chaque année avec un thème différent, du Far West à la science-fiction, et enchaîne les blagues, les références à la culture d'aujourd'hui et les interactions avec le public. L'histoire en elle-même n'a aucune importance, tout réside dans la façon de la raconter.

Mais depuis la mort de Mr Holly, rien ne va plus. Freda Watson, la costumière, s'est prise pour une écrivaine et, autour de quelques verres de sherry et tartes au miel, a obtenu l'accord de quelques membres du comité pour rendre le scénario plus accessible au public. Lily Franzen est toujours à la tête du comité, et sa politique habituelle consiste à accepter toute idée qui lui est soumise, puis à laisser les membres se disputer entre eux. Mais l'idée de revoir le scénario à ce stade est si mauvaise qu'elle a dû la refuser, au risque de voir Freda quitter la production.

Le 18 décembre, la docteure Harker a donc été surtout occupée à jouer les médiateurs. Watson a suggéré de fixer discrètement les nouveaux éléments du dialogue sur les costumes des participants, pour qu'ils puissent lire leur texte, et Lily Franzen, au grand soulagement de tous, continue résolument à ne pas s'en mêler. Mais la situation a changé depuis la veille, quand Freda et son fils Derek sont arrivés avec une camionnette Transit et ont commencé à embarquer les costumes. La violence du geste a été un peu atténuée par le fait que Derek n'est manifestement pas satisfait du comportement de sa mère. De plus, il s'est froissé un muscle du dos la semaine dernière en tentant de déplacer tout seul un sapin de Noël de 2,5 m de haut, si bien qu'il ne peut transporter qu'un seul costume à la fois.

Il a fallu l'intervention inattendue de sœur Mary, qui a d'abord observé la situation avant de jouer le rôle de médiatrice et de conseillère, au beau milieu de la rue. Après plus d'une heure pendant laquelle Freda et Lily se sont hurlé dessus en bloquant la circulation – pendant ce temps, Derek, assis sur un banc, se massait la nuque –, Freda a accepté de ne plus toucher au scénario pour cette année. Elle devrait s'en occuper l'année prochaine.

Ce qui nous amène à l'image du calendrier de l'Avent d'aujourd'hui : du lierre. La docteure Harker a tout de suite pensé au lierre qui recouvre les murs de l'ancienne glacière abandonnée, sur le domaine des Lancaster. Mais un détail lui a fait penser à tout autre chose. C'est vrai qu'elle n'a pas envie de reparler de sitôt à Lady Miriam. Mais il y a plus important : sur l'image, le lierre s'enroule autour d'une personne qui ressemble beaucoup à Freda Ivy Watson.

C'est la première fois que l'une des images du calendrier représente explicitement un habitant de Candlestow. Si Mr Holly est l'auteur de ces images, comme l'affirme sœur Mary, cette inimitié à l'encontre de Freda n'a rien d'étonnant. Freda est la seule personne qui ait jamais réussi à faire sortir le vieil homme de ses gonds. Elle a commencé à confectionner les costumes de la pièce il y a une douzaine d'années, mais son talent pour créer des tenues intéressantes est contrebalancé par ses plaintes constantes sur tous les autres aspects de la production. La situation a atteint son paroxysme il y a trois ans, quand Mr Holly a introduit un personnage appelé Greeda, la fée du savoir, et a suggéré que Freda joue ce rôle. La docteure Harker n'ayant pas été impliquée dans l'organisation de la représentation à l'époque, elle ne sait que ce que Mandy Joseph lui a raconté sur ce qui s'est passé alors. Ce serait Dennis Seaton qui aurait réussi à les réconcilier.

L'inspecteur Twelvetrees frappe à la porte vers 9 h 30.

« Nos boutiquiers sont tous en garde à vue, sauf un, qui se trouve à l'hôpital, dit-il en retirant ses bottes. Ils semblent contents de nous parler de Van Nuys, mais aucun ne semble savoir quoi que ce soit sur Avent. Tout ce qu'ils peuvent dire, c'est que Van Nuys avait l'habitude d'apporter une cargaison de contrebande tous les mois, toujours trois caisses. Ils ne savaient jamais ce qu'il y avait à l'intérieur, mais il leur promettait une part – minuscule – des bénéfices. Ou un coup de poing dans le ventre s'ils ne coopéraient pas. »

Harker lui montre l'image du lierre et, après quelques explications, Twelvetrees reconnaît Freda Watson. « J'ai essayé de l'appeler, mais je suis tombé sur sa boîte vocale », dit la docteure Harker.

Très vite, ils montent dans la voiture de Harker et se dirigent vers la maison de Freda. Tout en essayant de caser ses jambes dans la petite voiture, l'inspecteur commence à partager sa dernière hypothèse : « Et si toute cette histoire de calendrier de l'Avent était liée à la pièce de théâtre ? Je veux dire… Finalement, Mr Holly et Avent semblent agir d'une façon aussi disproportionnée que la plupart des habitants du village. (*Harker lui jette un regard que l'inspecteur semble ne pas remarquer.*) La plupart des personnes qui ont gardé un secret sont liées à la pièce : certains jouent dedans, d'autres rendent des services, fabriquent le décor, ou sont investis dans la mise en scène. Si les images ont été conçues par Mr Holly, peut-être qu'il cherchait à en finir de manière définitive avec toutes les querelles internes ? »

La docteure Harker s'est déjà posé la question. « Le problème, c'est que la représentation occupe une place tellement importante ici qu'il est inévitable que la plupart des habitants soient impliqués d'une manière ou d'une autre, dit-elle. Et la façon dont les gens sont touchés n'empêche pas la pièce de se dérouler. Je pense que ce que voulait Mr Holly et ce que veut Avent sont deux choses différentes. »

Le reste du parcours se déroule dans le silence, chacun réfléchissant de son côté. Freda vit à la périphérie du village, dans une maison couverte de décorations de Noël maison. Quand ils frappent à la porte, ils entendent un bruit étrange et assourdi, suivi d'un cliquetis aigu. La porte s'ouvre et laisse apparaître un bonhomme de pain d'épice qui a la taille d'un humain.

Le bonhomme se met à beugler. C'est apparemment Freda. À force de cris et de mimiques, ils finissent par deviner ce qui s'est passé : Freda a essayé le nouveau costume pour en tester la mobilité, mais un inconnu l'a enfermée dedans ! À proximité, il y a une lampe torche, un aimant, un chalumeau, un couteau et de l'acétone, qui pourrait servir à faire fondre le plastique… La tête est fermée hermétiquement, donc Freda risque de manquer bientôt d'oxygène. Pour l'extraire de ce costume, il faut procéder dans un ordre précis. Et comme Freda se trouve à l'intérieur, ils ne peuvent pas ouvrir le costume à coups de couteau, car ils risqueraient de la blesser…

Pouvez-vous déterminer quels objets doivent être employés sur les différentes parties du costume, et dans quel ordre, pour libérer Freda ?

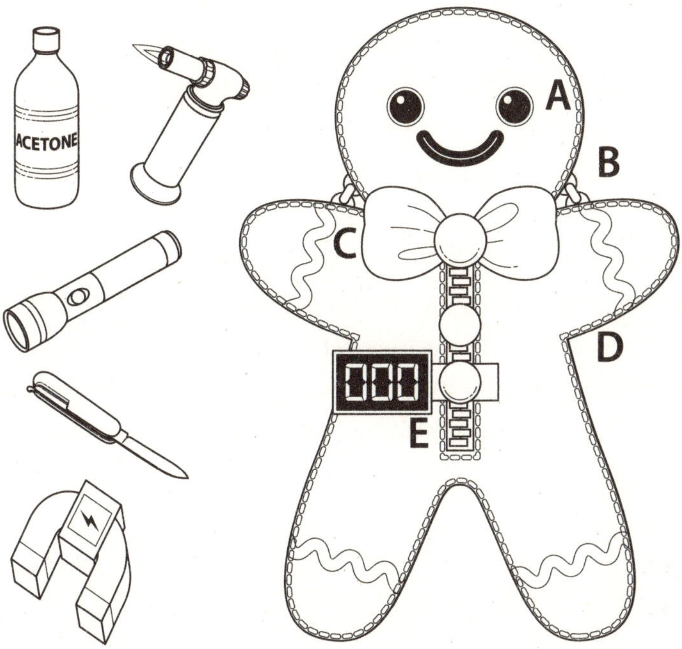

LÉGENDE

A. Yeux de verre incassables. Freda pense que des chiffres sont gravés dans le verre, mais il fait trop sombre pour qu'elle puisse les lire.

B. Tête maintenue par des crochets en métal recouverts de peinture.

C. Nœud papillon en métal avec un fermoir aimanté qui bloque le mouvement des crochets.

D. Coutures très solides (on ne peut les défaire qu'avec un couteau).

E. Fermeture Éclair en plastique qu'on ne peut ouvrir qu'avec un code.

L'inspecteur décroche la tête du costume et Freda aspire une grande bouffée d'air frais, comme si elle émergeait d'une vague énorme. Puis elle s'effondre sur son canapé, haletante. L'inspecteur est effaré par l'audace d'Avent, qui ajoute à la longue liste de ses crimes l'intrusion dans la maison de sa victime.

Une fois que Freda s'est un peu remise, Harker et l'inspecteur lui demandent si elle a reçu la petite image de lierre dans la matinée. « J'ai pensé que cela pouvait avoir un rapport avec ma liaison », dit-elle d'un ton las.

« Une liaison ? »

« Avec Mr Holly », ajoute-t-elle en secouant la tête.

La surprise se lit sur le visage de la docteure Harker quand Freda explique qu'elle a eu une liaison avec Mr Holly il y a quatre ans. Tout le monde voyait en lui un vieux monsieur très doux, mais Freda avait deviné son côté passionné. « S'il vous plaît, ne le dites pas à mon mari », supplie Freda. Mais rien n'est plus éloigné de l'esprit de Harker. Alors qu'elle rentre chez elle avec l'inspecteur pour boire un peu de thé avec des biscuits, elle commence à se demander si l'une ou l'autre des victimes aurait pu « blesser » Mr Holly d'une manière ou d'une autre…

20 décembre

CRACKER

Twelvetrees a invité Harker à le rejoindre au commissariat d'Acmouth, en tant que «conseiller civil» sur l'affaire Avent, et il souhaite qu'elle arrive avant 8 h, car il a une idée.

«On nous a affecté une responsable de la cybercriminalité enthousiaste, dit-il en désignant Rebecca Sanchez, qui salue d'un air las depuis un coin du bureau tout en bâillant. Elle pense que si nous pouvons nous connecter à votre messagerie lorsque vous recevez l'e-mail anonyme, nous pourrions obtenir plus d'informations sur son origine.»

«Je lui ai dit que nous pouvions le faire à distance», précise Rebecca Sanchez, ce qui fait rougir l'inspecteur, tandis qu'elle insère divers câbles dans l'ordinateur portable de Harker. Elle ajoute à l'intention de l'inspecteur: «Vous êtes trop analogique, Monsieur.» Elle désigne alors un tableau d'affichage voisin sur lequel Twelvetrees a affiché toutes les images imprimées du calendrier. Cela ressemble à un puzzle.

«En fait, je vous ai demandé de venir parce que chaque fois que j'essaie de faire un appel vidéo avec vous, vous prétendez que ça dure trop longtemps, déclare Twelvetrees. Ici, vous ne pourrez pas quitter la réunion.»

«Il est beaucoup trop tôt pour être au bureau», grogne Rebecca Sanchez.

Peu de temps après, à 8 h, le message arrive ponctuellement dans la messagerie de la docteure Harker. C'est l'image d'un cracker. Rebecca Sanchez regarde ses écrans et, après avoir entré quelques lettres, elle hausse les épaules. «Il utilise une technologie de niveau militaire pour dissimuler son identité. Sérieusement, c'est ce que les trafiquants d'armes utilisent sur le Dark Web. Je me fais l'effet d'utiliser un marteau de forgeron pour casser une noix.»

«Ce meurtrier est un récidiviste, dit l'inspecteur Twelvetrees. Je vous demande de faire tout ce qui est en votre pouvoir pour élucider cette affaire.»

«C'est impossible, réplique Rebecca Sanchez. Imaginez quelqu'un qui invente un nombre à 100 chiffres et vous demande de le deviner. Si vous vous trompez cinq fois, il change le chiffre. Comparé à la tâche qui vous attend ici, ce serait encore très facile. Ce n'est pas de cette façon que vous allez découvrir qui se cache derrière ces e-mails. »

« J'ai besoin que vous essayiez », dit-il.

« Je ferai de mon mieux, bien sûr, mais vous devez comprendre que c'est presque impossible que j'arrive à résoudre ce problème. De plus, j'ai réservé des billets d'avion pour partir en vacances à la Barbade. Ce soir, je ne serai plus là », s'excuse-t-elle.

À l'approche de Noël, beaucoup d'officiers de police partent en vacances et ont déjà réservé leur voyage. Bien sûr, il y a des gens qui continuent de travailler pendant les fêtes, mais Candlestow n'est pas une priorité, même avec deux meurtres présumés et Lady Miriam qui leur souffle dans les bronches. Officiellement, ces deux meurtres sont toujours considérés comme un accident et un suicide. Twelvetrees et Harker ont beau penser le contraire, convaincre des policiers fatigués de repousser leurs vacances de Noël n'est pas une mince affaire.

Frustrés, ils cherchent à savoir à quel secret le cracker peut bien faire allusion. Ils se tournent vers la seule autre personne qui présente un spectacle à Candlestow pour Noël cette année.

Le théâtre local, qui accueille toute l'année des pièces et des comédies musicales, ferme généralement la veille de Noël, car tout le monde va voir *L'Étoile de Noël* à la salle des fêtes. Mais cette année, le théâtre a programmé *Charlie's Christmas Chuckles*, un stand-up de Charlie Spearman, un habitant de la région et un humoriste de catégorie C.

Spearman habitait déjà Candlestow quand Mr Holly a commencé à monter sa pièce, mais il n'a jamais participé à *L'Étoile de Noël*, car il a un ego démesuré et préférerait encore être dans la cage à eau de la foire estivale plutôt que d'avoir affaire à une « production amateur ». Il passe généralement Noël à l'étranger, mais ces dernières années n'ont pas été favorables à sa carrière – donc aussi, sans doute, à son compte en banque. Son stand-up est donc une tentative pour tirer profit de l'afflux de visiteurs au moment des fêtes.

« C'est drôle, quand on sait à quel point il déteste Noël », dit l'inspecteur alors qu'ils s'approchent de la propriété de Charlie Spearman, située à deux pas de celle de Duncan Testwood.

« Il a peut-être reçu la visite de trois fantômes », plaisante la docteure Harker.

De fait, Charlie a reçu la visite de la personne qui s'est introduite chez Freda Watson la veille, et l'inspecteur note avec inquiétude qu'Avent semble avoir pris l'habitude de pénétrer dans les maisons du village pour y commettre ses méfaits. Sur le digicode, il y a une note qui utilise des lettres découpées, comme celles utilisées pour l'incident de la tour, le 11 décembre. Elle porte le code d'ouverture de la grille.

Assez tendus, Harker et Twelvetrees remontent l'allée et constatent que la porte de la maison est grande ouverte. Harker appelle doucement et ils entrent. Ils trouvent Spearman et sa femme, Carol, assis côte à côte devant la table du dîner. Ils regardent l'inspecteur et Harker avec des yeux désespérés et suppliants, mais ils ne peuvent rien dire à cause des bâillons qu'ils ont dans la bouche. Ils sont attachés avec des guirlandes et ce qui ressemble à du ruban adhésif de Noël. Seul leur bras gauche est libre.

Un énorme cracker est fixé dans la main gauche de chacun d'entre eux. Un panneau à affichage électronique y est attaché, qui affiche un compte à rebours, avec une série de petites images sur les côtés. Il y a également un clavier pour entrer un code à quatre chiffres, mais il faut trouver ces chiffres en s'aidant des lignes figurant sur chaque case.

« Je suppose que si ce cracker explose, ce ne sera pas une petite détonation, dit l'inspecteur. Et j'ai l'impression que nous devons nous dépêcher de résoudre cette nouvelle énigme… »

La docteure Harker a besoin du code à quatre chiffres pour désactiver la bombe. Les quatre symboles dans les carrés semblent représenter le code. Pour trouver ce code, vous devez relier chaque image de la rangée de gauche avec son équivalent à droite en vous aidant des indications données par les lignes.

Quand la docteure Harker a entré le code, le compte à rebours continue… 3, 2, 1… 0 ??? Puis un message s'affiche : « C'EST UNE BLAGUE. »

Les démineurs arrivés peu après ont réussi à retirer le cracker des mains des Spearmans. Ce dernier contenait assez d'explosif pour démolir toute la maison.

Une fois libérés, les Spearmans semblent plus outrés que traumatisés. « C'est à cause de vous !, hurle Charlie Spearman en désignant du doigt l'inspecteur Twelvetrees, qui ne s'est pas encore présenté. Un fou se promène dans les parages en attaquant les gens et vous ne faites rien ! »

« Sans parler de l'accusation d'évasion fiscale sans preuve ! », renchérit sa femme. Harker remarque que Charlie la regarde fixement et en lui disant de se taire. Car personne n'a encore parlé d'évasion fiscale…

Spearman se calme un peu lorsque Twelvetrees lui annonce que Lady Miriam prend la situation en main. Comme les autres victimes, le couple n'a pas réussi à voir le visage d'Avent. Leur maison est équipée d'un dispositif de sécurité très élaboré, mais quelqu'un a pourtant réussi à entrer chez eux. Comme Spearman lui-même, la docteure Harker pense que ce n'est pas très drôle.

21 décembre

ROIS MAGES

La docteure Harker a pensé, ou au moins espéré, qu'Avent ferait une pause, car le service commémoratif de Mr Holly, longtemps retardé, a lieu aujourd'hui. Mais maintenant qu'il a commencé, il ne s'arrêtera plus. Sauf le 13, songe-t-elle, se demandant de nouveau en quoi ce jour était différent.

L'inspecteur Twelvetrees est venu la voir pour lui dire qu'il assistera à l'office avec elle. Ils sont donc ensemble quand arrive le message d'Avent : une image avec les Rois mages.

« On dirait qu'ils ont des livres dans la main », observe l'inspecteur.

La docteure Harker réalise alors qu'Avent désigne peut-être les trois hommes qui sont le moins susceptibles d'assister à la cérémonie de Mr Holly : Colin Piper, Maynard Willis et Leonard Desiderato, qui sont les bibliothécaires en chef de l'Athaneum de Lancaster, la plus grande bibliothèque au monde exclusivement consacrée aux livres sur Noël.

Le bâtiment a été édifié par le grand-père de Lady Miriam, Tobias Lancaster, il y a environ soixante-quinze ans. Lord Tobias adorait Noël et la période hivernale, et il a fait construire cette bibliothèque pour abriter sa collection de livres sur cette période de l'année. Une collection qui n'a cessé de s'enrichir au fil des décennies. Pendant la moitié de son existence, la bibliothèque a été dirigée par Nicholas Menzies, un homme qui ressemblait à un hibou. Piper, Willis et Desiderato ont été recrutés pendant son mandat, et chacun en est venu à se considérer comme le successeur naturel de Menzies. Malheureusement, Menzies était d'un naturel hésitant et il n'avait pas le cœur à désigner son remplaçant. Empruntant la voie préférée de tous ceux qui détestent la confrontation, il proposa que les trois hommes dirigent ensemble la bibliothèque.

Menzies espérait peut-être qu'un de ses acolytes, voire les deux, abandonne, mais ils sont tous les trois restés à leur poste en se détestant de plus en plus cordialement au fil du temps. Depuis trente-six ans, ils saisissent toutes les occasions de s'insulter, de se garer à la place de l'autre, d'acheter la dinde que l'autre convoite, etc. Le seul domaine qui échappe à leurs affrontements, c'est la gestion de la bibliothèque, car chacun d'eux veut prouver qu'il est plus qualifié que l'autre à son poste. Chacun a passé beaucoup de temps à essayer de charmer les habitants de Candlestow, dans l'espoir que ceux-ci se rallient à un seul candidat et fassent pression sur le conseil d'administration pour en faire le bibliothécaire en chef. Mais si les habitants du village apprécient la bibliothèque – elle attire chaque année de nombreux passionnés de livres qui viennent admirer le manuscrit d'*Un conte de Noël*, écrit de la main même de Charles Dickens –, tous connaissent la haine que se vouent les trois hommes.

La seule personne que les trois hommes détestaient encore plus, c'était Mr Holly. Ce dernier a en effet conquis les villageois en quelques mois, grâce à son charme et à sa nature généreuse. Pendant une brève période, il y a même eu une campagne pour que Mr Holly devienne le bibliothécaire en chef, mais tout s'est arrêté quand il a déclaré qu'il ne voulait pas de ce poste. Depuis, il a été officieusement banni de la bibliothèque et les trois hommes, s'ils devaient se rendre à l'office en l'honneur de Mr Holly, n'auraient qu'une envie : danser sur la tombe de leur rival.

Tout en réfléchissant à l'image du calendrier de l'Avent et en dévorant des sandwichs au bacon, après s'être un peu disputé pour savoir si la sauce brune est préférable à la rouge, l'inspecteur et la docteure sont parvenus à une décision. Elle assistera seule à l'office et essayera de glaner le plus d'informations possibles, tandis que l'inspecteur se rendra à la bibliothèque pour vérifier si les trois hommes sont sains et saufs.

La cérémonie a été calme. Le vicaire a été libéré, dans l'attente d'un complément d'enquête sur son vol du bureau de poste, et a prononcé un sermon très inspiré sur le pardon. De nombreux habitants ont évoqué Mr Holly avec une affection sincère, notamment Freda Watson, Phaldut Akhtar et Valerie Wilde – la docteure Harker est heureuse de constater qu'elle a pris un peu de temps pour assister à la cérémonie. Sœur Mary, assise au fond de l'église, constitue une exception notable : elle sourit sereinement, mais ne souhaite pas prendre la parole. « C'est pour les habitants de Candlestow », dit-elle.

La nouvelle que Mr Holly est peut-être à l'origine des dessins du calendrier de l'Avent (si ce n'est des attaques et des pièges dangereux) ne s'est pas encore répandue dans le village – si elle est connue, personne en tout cas ne semble y croire. Il est toujours considéré comme le gentil vieux monsieur en qui tout le monde avait confiance, et le dernier discours de Lady Miriam n'a pas laissé un œil sec dans l'église, y compris chez la docteure Harker. Le seul qui n'ait pas pleuré est Dennis Seaton. Il n'est pas connu pour être très sensible, c'est vrai, mais il a passé une grande partie de la cérémonie à regarder alternativement Lady Miriam et sœur Mary, avec un regard mêlé de ressentiment et de calcul.

À la bibliothèque, l'expérience de l'inspecteur Twelvetrees est un peu différente. Il est arrivé avec le sergent Wolstenhome et a franchi le tourniquet, avant d'être aussitôt la cible de tirs. Le sergent et lui se sont mis à l'abri et ont commencé à appeler des renforts lorsqu'ils ont entendu une voix haut perchée crier : « Mon Dieu, je suis vraiment désolé ! » Et la petite forme de Maynard Willis s'est approchée d'eux en trottinant, tenant à la main une carabine à air comprimé. « J'ai cru que c'étaient eux ! Piper et Desiderato, je veux dire. » Il a continué à marmonner des excuses, comme si cela justifiait de tirer sur deux officiers de police.

L'inspecteur lui arrache la carabine : « Qu'est-ce que vous faites ?! »

« Vous ne comprenez pas, dit Willis, dont les yeux parcourent la bibliothèque avec inquiétude. Ils essaient de me tuer ! Ils sont là, quelque part. »

« C'EST FAUX ! », crie une voix fluette derrière une bibliothèque. Une tête rougeaude surgit, ornée d'une moustache tombante, en lançant un coup d'œil prudent autour d'elle. C'est Desiderato, coiffé d'un casque de la Seconde Guerre mondiale. « C'est lui qui m'a menacé de mort ! Lui et ce troll de Piper. »

Willis tente de récupérer son fusil, puis plonge derrière un pot de fleurs, avant de se relever quand il se rend compte que Piper s'y trouve déjà, brandissant un coupe-papier comme s'il tenait en main Excalibur.

« Troll ?!, réplique Piper d'une voix venimeuse. Inspecteur, arrêtez ces deux hommes pour tentative de meurtre ! »

L'inspecteur lève les mains en signe de conciliation, tout en établissant un contact visuel avec le sergent Wolstenhome pour lui demander de veiller à ce qu'aucun des trois vieillards ne fasse un geste envers l'autre. « Messieurs, s'il vous plaît, calmez-vous et expliquez ce que… »

Chacun d'eux brandit alors une lettre, puis ils se mettent à parler tous ensemble avec colère et de plus en plus fort.

Changeant de tactique pour pouvoir écouter un seul homme à la fois, l'inspecteur finit par comprendre que chacun d'eux a reçu une lettre glissée sous la porte de son bureau – les trois pièces sont très éloignées pour éviter d'envenimer la situation. Chaque lettre est signée par les deux autres et contient des menaces de mort. Les trois hommes ont donc décidé de se défendre de leurs rivaux. Si l'inspecteur et le sergent n'étaient pas arrivés à temps, cela aurait pu se terminer dans un bain de sang.

L'inspecteur obtient des trois hommes qu'ils lui remettent – à contrecœur – les lettres. En les examinant, il se rend compte qu'il s'agit de faux. Et il peut le prouver.

En apparence, les trois lettres ont été envoyées à chacun des bibliothécaires par les deux autres. Mais trois ressemblances indiquent qu'elles ont toutes été écrites par la même personne. Serait-ce Avent ?

1

20 décembre

Colin,
Votre séjour à la bibliothèque doit prendre fin. Comme vous n'avez pas l'intention de «tomber sur votre épée», il nous incombe de vous faciliter la tâche – bien sûr, cest une façon de parler.

Salutations, Maynard et Léonard

2

20.12

Maynard,
Vous savez que ce jour doit arriver. La bibliothèque ne tiendra pas une année de plus avec un parasite comme vous, cest totalement stupide de prétendre le contraire. Nous estimons juste de vous envoyer ce dernier avertissement. Bien sûr, le fait d'être prévenu ne changera rien à ce qui doit arriver.
Bien à vous, Colin et Leonard

3

20 déc.

Leonard,

Ce qui va se produire peut vous sembler cruel, mais cest une juste réponse aux attaques que vous avez menées pendant dix ans contre notre dignité, notre santé mentale et notre santé tout court.

Nous envisageons d'offrir à la bibliothèque ce que vous souhaitiez : un avenir radieux. Bien sûr, ce sera sans vous.

Fidèlement vôtre,

Maynard et Colin

Les trois hommes finissent par admettre que l'inspecteur n'a pas tort. Ils ont été la cible d'une « farceur ». Cela explique sans doute les images qu'ils ont reçues le matin même, avec un message leur demandant d'avouer ce qu'ils cachent au public.

L'inspecteur sait qu'il ne peut pas les questionner ouvertement sur le secret qu'Avent veut leur faire avouer. Il ne peut pas s'agir de leur ressentiment mutuel, car il est bien connu. Finalement, l'un des deux se lance. « Nous n'aurions jamais dû accepter d'acheter le manuscrit du *Chant de Noël*, dit Piper. Vu le prix que nous l'avons payé, soit c'est un faux, soit il a été volé. D'ailleurs, on ne peut pas faire confiance à ce Seaton. »

« … Dennis Seaton ?! », s'exclame l'inspecteur Twelvetrees.

22 décembre

RENNES DE NOËL

L'inspecteur passe la matinée du lendemain à tenter de trouver, dans les actions d'Avent, une logique qui les aiderait à attraper le coupable, voire à l'empêcher de commettre un nouveau crime. Le problème, c'est qu'Avent ne se contente pas d'envoyer tous les matins à 8 h une image et d'avoir une propension inquiétante à recourir aux explosifs. Il emploie également bien d'autres techniques : piratage informatique, effraction, enlèvement, falsification…

Alors qu'ils dévorent leur omelette, Harker fait remarquer qu'ils pourraient essayer quelque chose : les calendriers de l'Avent offrent une gamme prévisible d'images thématiques. Elle doute qu'un œuf de Pâques arrive bientôt dans sa messagerie – tout en se disant qu'elle ne devrait peut-être pas provoquer le destin. À mesure que le mois avance, le nombre d'images possibles diminue. Tandis que l'inspecteur avale des bouchées d'omelette entre deux gorgées d'un café très corsé, Harker et Twelvetrees dressent une liste des images probables qui restent à venir. Et elle n'est pas très longue : flocons de neige, maisons ou bonshommes en pain d'épice (ce dernier étant peu probable après ce qui est arrivé à Freda Watson), gui, houx… et rennes.

Avent n'est pas le seul délinquant anonyme du village. Depuis le 1er décembre, quelqu'un peint des rennes à la bombe. Au grand dam de Lady Miriam, cela s'est déjà produit les deux années passées. Contrairement à celles d'Avent, ces interventions ne sont pas régulières. On peut ainsi trouver deux ou trois graffs un jour et rien pendant quelque temps. Pour sa part, Harker trouve qu'ils ajoutent une touche poétique à l'ambiance festive, et cette année, elle les trouve plutôt réconfortants. Ils constituent une note de normalité au milieu d'événements anormaux. L'inspecteur émet l'idée que le graffeur de rennes pourrait être Avent lui-même et que cela fait partie d'un plan plus vaste, mais la docteure en doute. Et voilà que, à 8 h précises, une image de renne tombe dans sa messagerie. Avent a-t-il l'intention de s'en prendre au graffeur ?

« Je vais interroger Dennis Seaton, lui annonce l'inspecteur pendant le petit déjeuner. À propos de ce faux manuscrit qu'il a proposé aux bibliothécaires, mais cela pourrait nous aider à recueillir d'autres informations. Voulez-vous que Wolstenhome vous accompagne pour trouver l'artiste des rennes ? »

« Non, je pense que ce sera plus facile toute seule. Mais si j'ai besoin d'aide, j'appellerai des renforts », dit-elle en agitant son téléphone portable.

« Faites preuve de sévérité si vous trouvez le coupable, lui lance l'inspecteur alors qu'elle démarre sa voiture. N'oubliez pas que le vandalisme est un délit ! »

La plupart des habitants du village sont en vacances, à l'exception de ceux qui travaillent dans les boutiques et sur les sites touristiques, sans parler des villageois impliqués dans la représentation, qu'ils envisagent avec autant de sérieux que les pompiers engagés dans une intervention urgente. Avec l'afflux de touristes, les rues de Candlestow sont pleines de gens qui ne se doutent pas du drame qui se joue – ou qui font semblant. S'il y a une atmosphère d'anxiété, on fait tout pour qu'elle passe inaperçue.

La docteure Harker soupçonne que le graffeur de rennes est une personne plutôt âgée, car les dessins sont exécutés quand le temps est assez clément et doux, alors que la plupart des graffitis sont l'œuvre de jeunes gens qui ont tendance à profiter du temps froid et de l'obscurité pour commettre leur forfait à l'abri des regards – et la nuit ajoute une touche de risque et de mystère que les plus jeunes apprécient. Mais ce n'est que pure spéculation, bien sûr.

Elle se rend dans un café pittoresque et commence à réfléchir aux éléments dont elle dispose en dégustant une tarte chaude. Les bâtiments visés sont généralement les magasins et les restaurants, et les graffitis sont exécutés tout près des vitrines. Quant aux rennes, ils ont un air furieux qui rebute les touristes, même si la docteure Harker les aime secrètement. Qui peut avoir envie de dépenser son argent dans une boutique qui vous accueille avec un regard aussi peu aimable ? L'artiste utilise un pochoir et une seule couleur de peinture, le noir, ce qui signifie qu'il ne lui faut que quelques secondes pour dessiner un renne et s'enfuir. Et grâce à Lady Miriam, il n'y a pas de caméras de surveillance dans le village.

En quittant le café, Harker commence à se promener dans le village en quête de preuves. Elle croise plusieurs villageois qui vaquent à leurs occupations de Noël dans un état d'agitation variable. Valerie Wilde, comme à son habitude, semble très pressée. Elle transporte un gros carton, mais s'arrête pour demander à la docteure

Harker si elle a revu cette religieuse étrange. « Je n'arrive pas à croire qu'elle puisse être la fille de Mr Holly ? », lance-t-elle avec passion.

« Qui vous l'a dit ? », demande la docteure Harker.

« Oh, tout le monde en parle en ville ! », répond rapidement Valerie en s'éloignant rapidement.

Harker aperçoit Duncan Testwood en train de boire une pinte au Drunken Duck, et Liam Furth, le teint livide, en train d'acheter des bougies chez Candlestow Candles. Liam grimace en voyant la docteure Harker, ce qu'elle trouve plutôt injuste – car ce n'est pas elle qui l'a enterré.

Enfin, elle arrive devant mur sur lequel un graffiti de renne a été peint. Qui plus est, il a été bombé sur une affiche de la pièce. Le mur se trouve à côté du magasin de rubans de Candlestow et juste en face du vendeur de marrons grillés et de son brasero. Joey Chestnut, le vendeur de marrons, déclare qu'il n'a vu personne peindre ce renne. « Vers 9 h 45, il y avait des enfants qui jouaient au foot près du mur, dit-il d'un ton bourru. Mrs Joseph, qui passait par là, les a chassés. Mais je n'ai vu aucun graffeur. Juste Mr Lean qui a essayé de recouvrir cette image avec de la peinture. Il était dans sa boutique, il dit qu'il ne supporte pas la fumée de mon brasero, mais n'a pas bougé d'ici ! »

Le propriétaire du magasin de rubans, Sammy Lean, déclare à la docteure qu'il a repéré le graffiti en sortant les poubelles. « J'ai essayé de le recouvrir, mais je devais retourner au magasin ; mon employé est malade. »

La docteure Harker lui demande : « À quelle heure avez-vous recouvert le renne ? »

« Entre 11 h et 11 h 20. La fille Jingle était là. Elle n'a pas vu les choses d'un bon œil, mais elle ne m'a pas proposé son aide », dit-il en croisant les bras.

« Le vendeurs de marrons est-il resté à sa place toute la matinée ? », demande la docteure Harker.

« Joey ? Oui, il n'a pas bougé, dit Mr Lean en grimaçant. Il dit qu'il doit alimenter constamment son feu. Il n'a pas proposé de m'aider non plus. »

En sortant, la docteure Harker regarde de nouveau le mur, ce qui lui donne une idée. Elle appelle Mrs Kenwood, qui était chargée de coller les affiches aujourd'hui. Malheureusement, cette dernière ne se souvient pas quand elle est intervenue dans le quartier, ni même si elle l'a fait avant que les garçons ne jouent au football.

« Peu importe, se dit la docteure Harker. Je pense que je peux quand même résoudre ce problème. »

Elle pense pouvoir écarter Mr Lean et Mrs Kenwood. D'après les personnes qui ont été vues dans le quartier, elle peut deviner qui est l'artiste graffeur.

Compte tenu de ce que vous savez des actions des protagonistes et du moment où elles se sont produites, qui était présent au moment où les graffitis de rennes ont été peints sur le mur et qui est le plus susceptible d'être le coupable ?

9 h 45 – Deux écoliers jouent au foot.

? – Mrs Kenwood pose une affiche pour la représentation. Elle ne se souvient plus si c'est avant ou après la partie de foot.

11.20 a.m. – Mr Lean repère les graffitis et commence à les recouvrir de peinture, mais il est interrompu.

A. Joey Chestnut, le vendeur de marrons

B. Les deux écoliers

C. Jingle

D. Mandy Joseph

E. Sammy Lean

Hommage à Mr Holly
L'ÉTOILE
DE NOËL
SPECTACLE
FESTIF
24 décembre
seulement

Harker se rend chez Jingle's Belles et confronte la propriétaire de la boutiquer à sa déduction. Jingle commence par se moquer de la «plaisanterie» de la docteure Harker.

«Moi, faire des graffitis? C'est trop drôle! Pourquoi ferais-je cela?, dit-elle en riant. Si encore mon magasin s'appelait "Reindeer's Belles", je pourrais m'en servir comme publicité…»

«Plutôt mauvais pour les affaires, dit la docteure Harker. Maintenant que j'y pense, la plupart des établissements tagués sont vos concurrents.»

«Je n'ai pas de "rivaux"!, dit Jingle avec un doux sourire. J'aimerais avoir le temps de faire quelque chose comme ça. La seule personne plus occupée que moi dans le village, c'est Valerie Wilde.»

«Eh bien, prenez les choses comme bon vous semble, répond Harker. Mais si vous avez reçu ce matin dans votre messagerie une image de calendrier de l'Avent représentant un renne, je vous conseille de faire attention. Une forme de "punition" pourrait vous être infligée. Je suppose que vous n'avez pas acheté de nouvelles bombes de peinture récemment? Vous devriez quand même vous méfier.»

Le sourire ne quitte pas le visage de Jingle, mais ses yeux prennent un air plus méfiant. La docteure Harker lui souhaite une bonne journée et s'en va. Une demi-heure plus tard, le sergent Wolstenhome surprend Jingle en train d'essayer de se débarrasser d'un sac de bombes aérosols à l'arrière du supermarché.

23 décembre

GUI

La docteure Harker a été le principal médecin généraliste de Candlestow pendant près de quarante ans. Elle a soigné tous les habitants, a vu les enfants devenir adultes, puis parents, voire grands-parents ou arrière-grands-parents pour certains d'entre eux.

Elle a également vu le village changer, passant d'une zone résidentielle sans grand intérêt à un site touristique élégant, sous le patronage de Lady Miriam. Et même si Harker a décidé de prendre sa retraite et de mettre un terme à cette activité délicate et sans fin qui consiste à soigner les autres, elle aime Candlestow. Et elle pense que Mr Holly l'aimait aussi.

Lorsque Harker envoie à l'inspecteur la dernière image reçue – un brin de gui –, il lui donne rendez-vous au cottage de Mr Holly, qui jouxte l'église. Il a quelque chose à lui montrer.

La docteure y est déjà venue plusieurs fois, et le lieu est aussi pittoresque qu'on peut s'y attendre. La pièce est remplie d'objets ayant servi aux différentes représentations de *L'Étoile de Noël* que Holly a dirigées, mais ne comporte aucune trace de sa carrière théâtrale londonienne. « L'interrogatoire de Dennis Seaton hier a donné plus que ce que j'en attendais, dit l'inspecteur tandis que la docteure Harker observe ce qui l'entoure. Il a prétendu n'avoir rien à voir avec l'affaire du manuscrit, mais quand j'ai commencé à parler de Mr Holly, il est devenu soudain très bavard. Il a dit que Mr Holly possédait une propriété dans les environs, sans doute avant qu'il ne vienne s'installer à Candlestow. »

« Est-ce vrai ? », demande la docteure Harker.

« Nous n'arrivons pas à convaincre qui que ce soit de le vérifier – on dirait que tout le monde est en vacances. Mais Seaton affirme que Holly avait proposé de lui vendre sa propriété. »

« Alors peut-être que Holly a finalement changé d'avis et que Seaton s'en est vexé ? »

« Cela semble un bon motif, n'est-ce pas ?, dit l'inspecteur. Selon Seaton, la vente était sur le point d'être signée quand Mr Holly est mort. Et il prétend que sœur Mary est venue le voir pour lui dire qu'elle a hérité du terrain et qu'elle veut le lui faire payer dix fois sa valeur. »

La docteure Harker a du mal à y croire. « Quand a-t-il dit qu'elle l'avait rencontré ? », demande-t-elle.

« Le 2 décembre, dit l'inspecteur. Le problème, c'est que c'est quatre jours plus tôt que la date à laquelle sœur Mary dit qu'elle est arrivée. »

« À condition de croire que Seaton ne ment pas », précise la docteure Harker.

« C'est vrai. Mais il m'a aussi parlé de l'endroit où lui et Mr Holly ont parlé pour la première fois de cette affaire. » L'inspecteur montre du doigt un immense tableau encadré sur le mur. Il s'agit d'une carte du village. Elle semble assez ancienne, mais en regardant de près, la docteure Harker note que le plan comporte des bâtiments et des maisons récentes, certaines datant de ces deux dernières années. Cela lui rappelle quelque chose.

Elle demande si c'est Mr Holly qui a dessiné cela.

« Oui, probablement, dit l'inspecteur avec une apparente indifférence. Mais le plus intéressant, c'est ceci. » Il décroche le tableau pour révéler une petite poignée au ras du mur. Il la tourne et tire vers le bas. Une porte cachée s'ouvre, révélant un petit escalier raide qui monte. « Après vous », dit l'inspecteur avec un grand sourire, visiblement très fier de lui.

La docteure Harker commence par monter les escaliers avec précaution et débouche dans un endroit surprenant : le coin secret de Mr Holly ! Il a un jardin caché sur le toit du cottage, invisible depuis la rue. Alors que les travaux de jardinage qu'il effectuait dans le cimetière et dans d'autres lieux sont tout à fait conformes à l'atmosphère assez conformiste de Candlestow, ce jardin semble avant-gardiste par son mélange de plantes.

Harker remarque quelque chose qu'elle juge important : il y a un gros trou au milieu d'un des murets qui bordent le jardin. On dirait que quelqu'un a trébuché sur le mur, ce qui a provoqué la destruction de ce fragment.

« Pensez-vous que c'est ici que… ? », dit la docteure Harker.

« C'est mon hypothèse, déclare l'inspecteur. La hauteur du cottage correspond à celle qui a provoqué ses blessures. Je pense qu'Avent l'a poussé de cet endroit et qu'il a ensuite déplacé le corps jusqu'à la salle des fêtes, pour cacher l'existence de ce jardin. »

« Mais pourquoi ?, demande la docteure Harker. Il était plus plausible qu'il soit mort en tombant de sa propre maison que de la salle des fêtes. »

L'inspecteur se dirige vers une petite cabane située dans un coin du jardin et l'ouvre pour montrer qu'elle est vide. Il s'agenouille et montre qu'il y a des fils électriques cassés dans le coin, endommagés et déchirés. « Je ne peux pas l'affirmer avec certitude, mais je pense que c'est ici qu'Avent et lui ont planifié le calendrier. Il y avait peut-être un ordinateur ici. Tout a disparu, bien sûr. » L'inspecteur ajoute que la police scientifique va tout vérifier, évidemment, mais après tout le temps qui s'est écoulé et près d'un mois de pluie et de neige, il y a peu d'espoir de trouver quelque chose.

Avant qu'ils aient eu le temps de discuter des prochaines étapes, le téléphone de l'inspecteur sonne. C'est Lady Miriam, qui leur demande de se rendre tout de suite à Lancaster Manor. Harker est censée aller à la répétition générale de la pièce – mais Lady Miriam aussi, et son ton indique clairement qu'il s'agit d'un ordre, et non d'une proposition.

La neige a cessé de tomber quand ils arrivent devant les grilles du manoir. Stuyvesant les fait entrer. Son ton habituellement enjoué est remplacé aujourd'hui par un sombre froncement de sourcils. Lady Miriam se trouve dans la salle des miroirs et feuillette un album photo. « J'ai reçu ce matin une image du calendrier de l'Avent, dit-elle d'un ton léger. Le gui. Je pense qu'elle fait référence à un incident de mon passé que j'ai choisi d'oublier. Mais, compte tenu de la menace contenue dans ce message à propos des secrets, je pense que c'est précisément le refus de faire face à la vérité qui nous a conduits à cette situation désolante. Je n'avais pas idée qu'autant d'habitants du village avaient des secrets honteux. »

Elle tourne une page du livre et leur montre une photo d'elle dans les années 1980. Une jeune punk qui regarde l'objectif avec mépris et provocation. « Je me suis rebellée contre mes parents et tout ce qu'ils représentaient d'une manière que je trouvais alors très originale. C'est ainsi que j'ai rencontré Mr Holly. Il était tout aussi dans la provocation que moi à l'époque, mais à plus grande échelle, peut-être. Il m'a aidée à comprendre que ma rébellion était, finalement, aussi peu originale qu'une vie dans un manoir de campagne. Quand j'ai rencontré Humphrey, j'ai décidé de revenir à Candlestow et de m'y attacher. »

Elle tourne la page et montre une photo des années 1990, quand sa mue en incarnation de l'élégance aristocratique est achevée. Elle a un regard réfléchi, presque mélancolique, en se remémorant les années passées. Elle poursuit: « Candlestow a connu une phase de révolte dans les années 1970, quand une communauté d'artistes s'y est installée et a constitué une sorte de havre bohème, du moins pendant quelques années ». Lady Miriam sourit légèrement avant de poursuivre. « Les vestiges de cette communauté étaient encore là quand j'ai entrepris de relancer le village, et la plupart d'entre eux ont fini par adhérer à mon idée, comme Greg et Cynthia Wilde, les parents de Valerie, et cette bonne Millie Fromer. C'est d'ailleurs à la fête de Noël organisée par les Wilde que l'incident s'est produit. »

Lady Miriam explique qu'elle a eu une liaison avec un homme marié au moment de Noël en 1995. Elle refuse de dire de qui il s'agit, mais insiste sur le fait que ce fut une aventure d'un soir. « J'ai gardé le secret trop longtemps – pour le bien de Humphrey autant que pour moi-même. Ce n'est pas un souvenir qui me fait plaisir, mais, d'une certaine manière, c'étaient les derniers feux de mon jeune moi, qui voulait "faire un coup d'éclat". Je ne sais pas si cela peut vous aider, mais je refuse d'être l'otage de cet horrible inconnu », dit Lady Miriam en quittant des yeux de l'album photo pour les regarder franchement. « Le tueur voudra peut-être que je vous en dise plus – que mon secret se répande dans tout le village –, mais je le refuse. Vous savez que c'est arrivé, et je ne vous en dirai pas plus. »

Harker est persuadée que Lady Miriam dit des choses très justes, mais elle l'entend à peine. Lady Miriam ne s'en souvient peut-être pas, mais elle-même était présente ce soir-là, et elle se souvient bien de cette fête. Elle a passé une bonne partie de la soirée à ne pas se sentir à sa place, dans son pull-over de Noël tricoté à la main alors toutes les autres femmes arboraient des robes étincelantes, mais elle a été appelée à la rescousse plus tard dans la soirée, lorsqu'un cas douteux d'intoxication alimentaire s'est déclaré. Pour tenter de trouver le coupable présumé de cette intoxication, elle a listé les mouvements de tous les invités et ce qu'ils ont mangé ce soir-là. Heureusement, elle-même n'avait pas goûté au jambon braisé…

Vous êtes cordialement invités

FÊTE DE NÖEL MONSTRE !

Petits fours et champagne servis à partir de 19 h 30.

Voitures à 23 h.

R.S.V.P. Cynthia Wilde

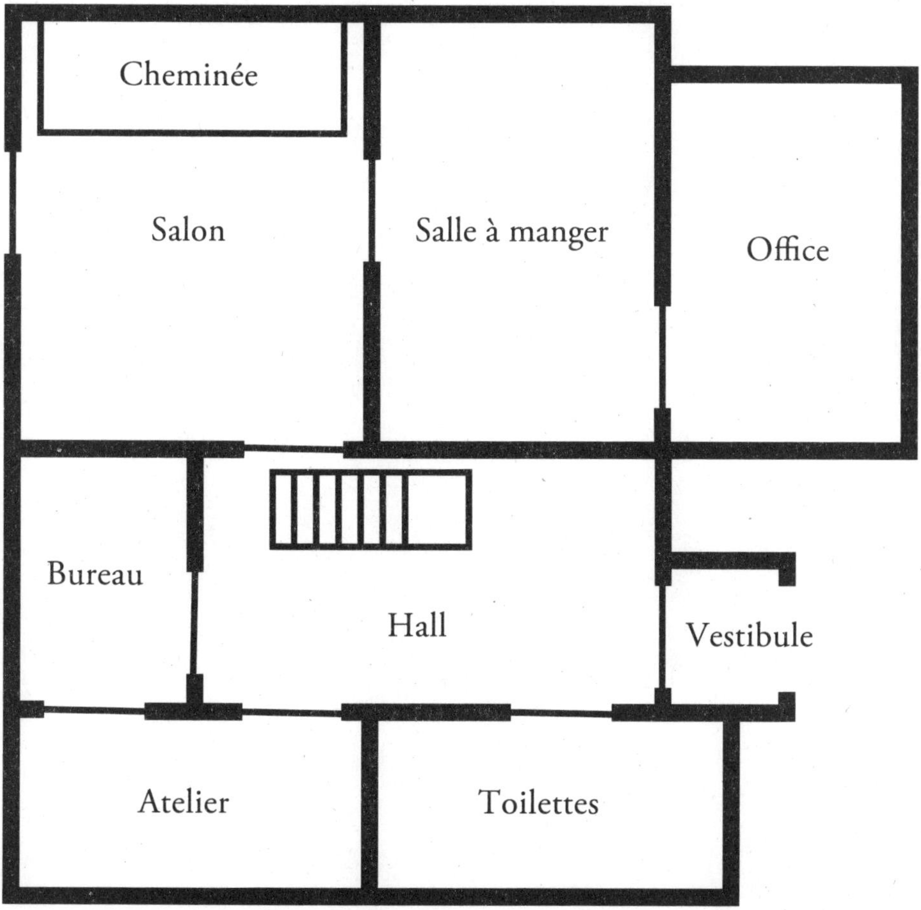

D'après les mouvements des personnes pendant la fête, qui a pu se trouver assez longtemps seul avec Lady Miriam dans un endroit où ils n'étaient pas observés ?

LISTE DES INVITÉS :

Greg Wilde – copropriétaire de Wilde's Wixies

Cynthia Wilde – copropriétaire et fondatrice de Wilde's Wixies

Lady Miriam Lancaster – propriétaire du manoir

Sir Humphrey Lancaster – propriétaire du manoir

George Stones – comptable de Greg et Cynthia

Dennis Seaton – homme d'affaires prometteur

Mary Joseph – mère de Mandy Joseph

Joe Joseph – père de Mandy Joseph

Notes de la docteure Harker sur les déplacements des invités entre 20 et 21 h :

Greg Wilde est resté 9 minutes dans l'office. Ensuite, il s'est rendu dans la salle à manger pendant 20 minutes avant de retourner dans l'office de 20 h 29 à 20 h 54, après quoi il s'est rendu dans le salon.

Cynthia Wilde est restée 5 minutes dans la salle à manger, puis elle a fait visité l'atelier à Lady Miriam. Elles sont restées absentes 7 minutes. Cynthia a ensuite rejoint Greg dans l'office pendant 20 minutes, puis elle est restée dans le salon le reste du temps.

Lady Miriam est restée 5 minutes dans la salle à manger avant de partir avec Cynthia. Ensuite, elle est allée aux toilettes pendant environ 8 minutes, semble-t-il, puis elle s'est rendue dans le bureau à 20 h 20. Elle a rejoint le salon 15 minutes plus tard, où elle est restée 5 minutes, puis elle est passée dans la salle à manger, où elle est restée également 5 minutes. Elle s'est ensuite rendue à l'office pour boire un verre, puis est retournée dans le salon de 20 h 51 à 21 h.

Sir Humphrey était dans le salon, puis il est allé aux toilettes de 20 h 29 à 20 h 37, après quoi il est retourné dans le salon jusqu'à la fin de la fête.

George Stones est resté 23 minutes dans la salle à manger avant de dire qu'il devait partir en urgence. Il est passé par le salon, le hall et le vestibule.

Dennis Seaton est resté aux toilettes jusqu'à 20 h 10, puis il est allé dans le bureau pendant 30 min. Ensuite, il a déambulé dans le hall pendant 11 minutes, puis il est resté dans l'atelier jusqu'à 21 h.

Mary Joseph est restée dans le salon de 20 h à 21 h.

Joe Joseph est resté dans le salon jusqu'à 20 h 18, puis il est resté dans l'atelier 22 minutes avant de rejoindre la salle à manger. Il est ensuite allé dans le bureau de 20 h 45 à 21 h.

Lady Miriam a trompé son mari avec Greg Wilde. Cela pourrait expliquer que Greg ait quitté le village quelques jours plus tard, pour ne plus jamais revenir. Alors qu'ils se rendent tous ensemble à la répétition générale, avec au moins une heure de retard, Harker prend conscience d'une chose : ce secret explique sans doute l'hostilité de Valerie Wilde envers Lady Miriam. Et cela suggère même que Valerie est un suspect sérieux. Quelle meilleure vengeance que de jeter l'opprobre et le scandale sur le lieu que Lady Miriam a complètement transformé ? Le seul problème, c'est que Valerie est toujours très occupée à fabriquer et à vendre ses Wixies, elle n'a pas le temps de se livrer à plusieurs tentatives d'assassinat, surtout à cette période de l'année, qui est la plus chargée pour son activité.

La répétition est un désastre, avec des répliques oubliées, des accessoires cassés et une hostilité ouverte entre plusieurs membres de l'équipe. Mais après tout ce que Harker a dû affronter depuis le début du mois, cet échec glisse sur elle comme l'eau sur les plumes d'un canard… ou plutôt d'une oie de Noël !

Elle rentre chez elle fatiguée et frustrée. Malgré toutes les informations récoltées ces deux derniers jours, l'identité d'Avent reste un mystère, et demain c'est le 24 décembre. Elle ouvre son ordinateur pour répondre aux e-mails affolés des membres du comité après la répétition ratée quand soudain, à 20 h, elle reçoit un nouveau message. Un message anonyme contenant une image de calendrier de l'Avent. Elle voit un cadeau emballé dans l'aperçu, puis, une seconde plus tard, le message a disparu !

Elle ne l'a pas rêvé, elle en est sûre. Elle sait qu'il existe des moyens d'annuler l'envoi d'un e-mail. Est-il possible qu'Avent lui ait adressé par erreur l'image du lendemain ? Elle ne l'a pas ouverte, donc Avent ne peut pas savoir qu'elle l'a vue. Pour la première fois, elle et l'inspecteur peuvent savoir à l'avance qui sera la prochaine victime.

Elle appelle aussitôt l'inspecteur. Ils ont du pain sur la planche.

24 décembre

CADEAU

Enfant, la docteure Harker n'aimait pas beaucoup le soir de Noël. Ses parents ne s'entendaient pas, et même s'ils faisaient bonne figure le plus souvent durant la période de Noël, les tensions atteignaient leur paroxysme le 24, après le stress des préparatifs, et ils se disputaient toujours devant le sapin. Le jour J, ils donnaient l'impression d'être heureux ensemble, mais elle savait que ce n'était que du vent.

Elle n'a jamais voulu cela pour ses enfants, et son mari, Thomas, était un homme bon. Son fils, enfant calme et méthodique, a toujours apprécié Noël avec une joie simple. À la mort de Thomas, elle a su que Noël ne redeviendrait jamais ce qu'il avait été. Elle s'est remariée en espérant que son fils, une fois adulte, reviendrait fêter Noël avec elle, pour recréer la magie de son enfance, mais il ne lui a jamais pardonné de s'être remariée. Il n'est même pas venu à l'enterrement de son second mari. Longtemps, elle a vraiment pensé qu'ils ne passeraient plus jamais de Noël ensemble. « C'est drôle comme les choses finissent par s'arranger », pense-t-elle.

La journée s'annonce intéressante, mais aussi très chargée. Le moment clé, bien sûr, est la représentation de *L'Étoile de Noël*. Harker a aidé à calmer les nerfs de plusieurs membres du comité, dont Mandy Joseph, sur le pied de guerre avec Dennis Seaton. Celui-ci s'est plaint entre autres que le système permettant l'arrivée de Lord Frost par la voie des airs ne fonctionne plus, mais il est hors de question d'utiliser ce dispositif après ce qui s'est passé. C'est loin d'être idéal, mais il faut faire avec, tout comme il faut s'accommoder d'un décor partiellement brûlé et de costumes d'occasion (le fils de Freda a perdu les déguisements en les transportant dans Candlestow).

L'inspecteur est venu rendre visite à la docteure Harker dès le début de la matinée, mais il a trouvé sa cuisine pleine de membres du comité occupés à repeindre plusieurs accessoires après un accident survenu la veille durant la répétition. Un pot de peinture a été renversé dessus et ils ne sont pas utilisables en l'état.

« Tout est prêt ? » lui demande-t-elle à voix basse. Si les autres membres du comité trouvent la présence de l'inspecteur singulière, ils n'en disent rien.

« Oui. Mais est-ce que vous êtes sûre que notre… ami ne fera rien avant la fin du spectacle ? », demande l'inspecteur.

« Je pense qu'il attendra, il ne veut pas être repéré, répond la docteure Harker. À moins que nous n'ayons fait une erreur de calcul. Dans ce cas, la chose se produira pendant la représentation, mais je doute que ce soit le cas. »

Harker se rend à la salle des fêtes où elle trouve un chaos prévisible. Tout le monde court dans tous les sens pour se costumer, vérifier que tout est en place et préparer la salle pour un afflux exceptionnel de spectateurs. La salle est souvent à peu près pleine, mais cette année, entre la mort de Mr Holly et les tentatives du comité pour rendre la pièce plus grand public, il a fallu doubler le nombre de sièges et même proposer (pour un prix réduit) des places dans la cuisine – les spectateurs pouvant regarder à travers le passe-plat.

Le public commence à affluer, enthousiaste et bavardant joyeusement. L'impatience de la docteure Harker se double d'une crainte assez forte.

Le premier acte se déroule avec brio. Les répliques manquées la veille sont jouées avec une précision étonnante, et leu jeu des acteurs s'en trouve grandi. Dennis Seaton dans le rôle du méchant est brillant, grognant et faisant tournoyer sa moustache avec beaucoup de conviction.

À l'entracte, Lily Franzen, dont c'est la première mise en scène, semble à la fois épuisée et soulagée de voir à quel point la première partie s'est bien déroulée. Mais la mise en place de l'acte II est plus délicate : « Nous avons quelques minutes de retard, nous allons donc devoir couper l'un des couplets de la chanson *Snowman* des enfants », dit-elle rapidement.

Mandy Joseph secoue la tête. « Impossible. Tristram et Emma ont passé beaucoup de temps à l'apprendre par cœur, proteste-t-elle. De toute façon, cela n'a pas de sens sans toutes les paroles. C'est comme la comptine des *Douze jours de Noël.* »

Soudain, c'est comme si une ampoule s'allumait dans la tête de Harker. Une ampoule scintillante comme une lumière de Noël. « Vous pourriez en couper un morceau si vous y étiez vraiment obligées, n'est-ce pas, lance-t-elle, en partie pour elle-même, en partie pour Lily et Mandy. Il faudrait avoir une très bonne raison pour le faire… » Toutes deux acquiescent, mais elle voit qu'elles sont troublées par le regard qu'elle leur lance.

L'acte II est le moment le plus probable pour qu'Avent frappe. Pourtant, les choses se déroulent encore mieux que durant l'acte I. Le public est ému aux larmes, et lorsque Lady Miriam arrive sur scène en étoile de Noël pour le final, le souvenir de Mr Holly provoque une ovation enthousiaste qui dure cinq minutes.

Les acteurs et les membres du comité ont le sentiment d'avoir bien travaillé quand ils se rendent au Drunken Duck pour l'*after-party*. Seule Mandy décline, car elle doit aller chez elle chercher les cadeaux de remerciement prévus pour le réalisateur et les acteurs. Elle insiste pour dire à tout le monde que, dans sa précipitation, elle les a laissés près de la porte à la maison.

En arrivant chez elle, Mandy se sent très nerveuse. Sa main tremble lorsqu'elle tourne la clé de la porte et, du coin de l'œil, elle aperçoit une silhouette vêtue de vêtements sombres, tapie sur le côté du porche d'entrée.

Avant qu'elle ait le temps de pousser un cri, trois officiers de police sortent de leur cachette et se jettent sur la silhouette. L'inspecteur Twelvetrees et la docteure Harker émergent à leur tour, stupéfaits de leur réussite.

Dès que l'image d'un cadeau du calendrier de l'Avent est apparue dans sa messagerie la veille, la docteure Harker a compris qui serait la prochaine victime. Alors que tout le monde offre des cadeaux à Noël, Mandy Joseph est connue pour pratiquer allègrement le *regifting*.

Presque tout ce qui lui est offert à Noël est susceptible d'être offert à quelqu'un d'autre l'année suivante, ou à l'occasion d'un anniversaire ou d'un autre événement. Les gens disent qu'elle ne peut faire tourner son magasin de bougies que parce qu'elle n'a jamais à mettre la main à la poche pour acheter des cadeaux. L'inspecteur a contacté Mandy pour organiser un piège, mais il ne pouvait être mis en place que si Mandy recevait l'image du calendrier de l'Avent dans sa messagerie le matin du 24 à 8 h. Elle l'a bien reçue, tout comme la docteure Harker. L'opération « Avent et Eve » a donc pu être lancée. Et maintenant, leur suspect est menotté.

« Qu'est-ce que vous faites ? Lâchez-moi ! », crie une voix familière. L'inspecteur abaisse la capuche de la silhouette pour se trouver devant… Lady Miriam Lancaster !

Tout le monde est stupéfait. Twelvetrees est sur le point d'arrêter la citoyenne la plus en vue de Candlestow pour vandalisme, violation de domicile et meurtres. Personne n'est plus choqué que la docteure Harker.

Quelques heures plus tard, Lady Miriam est dans sa cellule et l'inspecteur est convaincu de sa culpabilité. « C'est tout à fait logique, dit-il à la docteure Harker, assis à son bureau au commissariat d'Acmouth. Lady Miriam a voulu faire de Candlestow un village parfait, mais tous ses habitants imparfaits s'obstinent à avoir des secrets, à commettre des crimes, à sortir du rang. Pourquoi ne pas faire équipe avec Mr Holly, son ami de longue date, pour les ramener dans le droit chemin en leur faisant peur ? »

Pourtant, même si Lady Miriam a été prise apparemment en flagrant délit, Harker n'est pas convaincue. Elle a tellement de pouvoir et d'influence ici. « Pensez-vous qu'elle ait besoin de faire cela pour arriver à ses fins ? Et de s'associer à des gens comme Van Nuys ? »

« Rappelez-vous de sa période punk. Elle avait sans doute un côté sombre qui ne s'est pas exprimé pendant des années. D'ailleurs, regardez ça. *(L'inspecteur lui tend un rapport médico-légal.)* Il s'agit d'une analyse des fibres prélevées à l'intérieur de la botte Wellington qui appartenait à Mr Holly. Les fibres de soie à l'intérieur correspondent exactement aux bas de Lady Miriam. »

« Ce genre de choses peut être truqué », déclare Harker, déterminée à suivre son instinct.

« Je suis sûr que tout va s'éclaircir, dit l'inspecteur en fronçant les sourcils. Vous ne pensez vraiment pas qu'elle soit coupable ? »

« Tout ce que je pense, c'est que chacun de nos trois autres suspects a des raisons de détester Lady Miriam et de vouloir l'écarter. Sœur Mary lui en veut parce qu'elle a aidé son père à "fuir" sa vie et sa famille à Londres. Dennis Seaton veut mettre la main sur les biens immobiliers du village, dont la plupart appartiennent aux Lancaster. Et le père de Valerie a peut-être été amené à quitter sa famille à cause de sa liaison avec Lady Miriam. »

L'inspecteur acquiesce. « C'est vrai. Mais cela lui donnerait une bonne raison d'essayer de les piéger, n'est-ce pas ? »

« Qu'a-t-elle dit ? », demande la docteure Harker.

« Pas grand-chose. Elle fait semblant d'être choquée, elle dit qu'elle a reçu un message lui demandant de rejoindre Mandy Joseph chez elle. »

Le sergent Wolstenhome entre dans le bureau, portant un objet dans un grand sac transparent. « Monsieur, nous avons trouvé ceci en fouillant le bureau de Lady Miriam. » C'est le calendrier de l'Avent que Mr Holly a fabriqué. L'inspecteur jette un regard à la docteure Harker. Mais pour cette dernière, cela ne fait que prouver l'innocence de Lady Miriam.

À partir du rapport de police, mais aussi des preuves réunies à Lancaster Manor et des éléments diffusés par la radio locale, pouvez-vous trouver les sept raisons pour lesquelles Lady Miriam ne peut pas être coupable, malgré son absence d'alibis ?

13 décembre: Pieter Van Nuys est assassiné, et l'heure du décès se situe vers 21 h. Lady Miriam revenait d'un événement à Candlestow et aurait dû se trouver chez elle vers 20 h 45. Cependant, selon son majordome, elle est rentrée à 21 h 24, affirmant qu'elle s'était perdue, alors qu'elle habite ici depuis des décennies.

16 décembre: des pièges ont été posés sur le chemin et devant les maisons d'Ahlberg Close vers 15 h. Lady Miriam devait assister aux chants de Noël, mais affirme avoir reçu un mot disant qu'ils avaient été annulés. Les chanteurs affirment qu'elle les a appelés d'une voix éraillée en disant qu'elle avait mal à la gorge et qu'elle ne pourrait pas venir. Le mot aurait très bien pu être écrit par elle.

17 décembre: les sabotages de l'Old Toy Factory ont sans doute été commis vers 13 h 45. Lady Miriam était censée lire des histoires aux enfants à la bibliothèque, mais elle a été informée que Bethany Bryant, une auteure de livres pour enfants, s'en chargerait à sa place. Or, Bethany Bryant ne semble pas exister. Elle n'a été citée qu'une fois sur la radio locale et personne ne s'est présenté à la bibliothèque.

19 décembre: Freda Watson est agressée à son domicile vers 13 h 13. Lady Miriam affirme qu'elle était seule chez elle à ce moment-là. Sir Humphrey rendait visite à un ami. Son majordome, Stuyvesant, aurait dû être présent, mais il a dû se rendre à Acmouth pour aller voir sa sœur, qui était tombée malade.

20 décembre: Charlie et Carol Spearman ont été attaqués à 10 h 30 et attachés ensemble au moyen d'un engin explosif glissé dans un gigantesque cracker. Lady Miriam affirme qu'elle s'est rendue dans une galerie d'art à Acmouth pour voir les poteries d'un artisan local. Personne ne la connaissait là-bas, et la caméra de sécurité était bloquée par ce qui ressemblait à un flocon de neige.

21 décembre: les fausses lettres qui ont poussé les trois bibliothécaires à s'attaquer mutuellement ont été livrées à la bibliothèque vers 7 h 45. Lady Miriam a d'abord prétendu qu'elle était au lit à cette heure-là et que son mari était présent, mais elle s'est ensuite souvenue qu'il n'était pas là lorsqu'elle s'est levée et qu'il est revenu plus tard, de sorte qu'elle n'a pas d'alibi pour cette heure.

22 décembre: Jennifer «Jingle» Harpenden trouve sur le pas de sa porte, juste après 7 h, un paquet de bombes de peinture qu'elle pense avoir commandé. Lady Miriam affirme avoir passé la matinée avec Sir Humphrey, mais celui-ci déclare ne pas pouvoir confirmer cette information.

16 décembre

Chère Lady Miriam,
C'est avec une grande déception que nous devons reporter les chants de Noël ce soir. En effet, plusieurs chanteurs se sont fait porter pâles. Il semble qu'un vilain microbe a attaqué les membres les plus âgés de la chorale.
Bien sûr, nous nous efforcerons de trouver un nouveau créneau dans la semaine.
Encore une fois, veuillez nous excuser.

Votre fidèle Mandy Joseph

Sir Humph, ce message pour vous dire que j'ai repéré une pie-grièche écorcheur près du Finneston Copse.
6.45:

CalendarGirl25

Salut, vieux ! (À moins que vous ne soyez jeune ?) Je file, je ne dois pas oublier de prévenir Miriam !
6.46:

SirHumph1234

Transcription de Candlestow Radio, l'émission matinale de Rob Cadogan, 16 décembre, 8 h 45

HM : … les autorités sanitaires affirment que la contamination de la rivière Eck n'est pas toxique, mais il est conseillé aux habitants de faire bouillir l'eau du robinet avant de la consommer. Voilà pour les informations, je suis Henry Moore.

RC : Merci Henry. Et maintenant Billie Furth va nous parler de la circulation…

BF : Merci Rob, il n'y a pas grand-chose à signaler, à part du verglas au nord du village. Un avis rapide cependant : un vandale a glissé des flocons de neige en métal dans plusieurs panneaux routiers lumineux et caméras de sécurité. Deux d'entre eux ont été trouvés il y a trois jours et la police dit qu'elle surveille la situation. Si vous en voyez, veuillez le signaler en ligne.

RC : Merci Billie, j'espère qu'ils les attraperont. Nous avons maintenant une nouvelle intéressante. Apparemment, Lady Miriam ne pourra pas animer la séance de lecture pour enfants à la bibliothèque de Lancaster, mais Bethany Bryant, une auteure locale de livres pour enfants, l'a remplacée. Ses livres comprennent *Eddie, le lutin qui aime le danger* et *Tricky, le crapaud tricheur*. Les avez-vous lus, Billie ?

BF : Non, je ne les connais pas, mais c'est bien que Bethany Bryant soit intervenue.

L'inspecteur reste sceptique. La culpabilité de Lady Miriam permettrait d'en finir, mais il aimerait bien ne pas avoir à faire condamner la personnalité la plus célèbre du village. « Alors, qu'est-ce qu'on fait ? », demande-t-il au médecin.

Harker regarde le calendrier de l'Avent. Les fenêtres à la date du 13 et du 25 sont ouvertes, mais l'image du 13 a été arrachée. Trop tard. Avent a commis une énorme erreur qu'il ne peut absolument plus réparer. Cependant, Harker doit être sûre de son coup cette fois. Elle a besoin de voir les visages de toutes les personnes impliquées quand elle expliquera les choses. « Avez-vous des projets pour demain ? », demanda-t-elle à l'inspecteur.

25 décembre

HOUX

La neige qui s'était interrompue pendant quelques jours recommence à tomber. De gros flocons volent dans le ciel. Candlestow ressemble au village de Noël parfait dont Lady Miriam a toujours rêvé – alors même qu'elle se trouve en prison pour cette occasion. Tout le monde l'ignore, bien sûr, car elle bénéficie d'une présomption d'innocence et pour éviter de traumatiser le village, qui la vénère.

Aucune image de calendrier de l'Avent n'apparaît dans la messagerie de la docteure Harker ce matin, mais la fenêtre du 25 décembre est ouverte sur le calendrier fabriqué par Mr Holly. L'image représente un brin de houx, qui montre que Holly est l'architecte du projet[1].

La docteure Harker a enfin découvert son motif. Jusqu'à présent, elle s'est comportée en détective, en sauveteuse et en villageoise, mais ce n'est qu'en pensant à son travail de médecin qu'elle comprend la vérité.

Lorsque Mr Holly s'est installé au village, Lady Miriam lui a trouvé un médecin privé. Après que sœur Mary a révélé sa véritable identité, Harker a fait jouer quelques relations pour avoir accès au dossier médical de Mr Holly. Elle n'a pas pu tout lire, mais elle a pu trouver des informations intéressantes : la santé du vieil homme a changé du tout au tout une fois qu'il a quitté Londres. À son arrivée, son cœur était très fragile, éprouvé par le stress et l'abus de drogues et d'alcool. Au fil du temps, Mr Holly a retrouvé la santé. Certains pourraient même dire que la révélation de ses secrets lui a sauvé la vie.

Mr Holly était plus heureux comme gardien d'église que comme dramaturge célèbre. Pourquoi ne pas faire profiter les autres de cette découverte en les libérant du fardeau de leurs secrets ? Il fallait que cela se passe au moment de Noël cette année, car les derniers éléments du dossier médical indiquaient que Mr Holly n'en avait plus que pour quelques mois à vivre.

Harker n'a pas le temps de s'attarder. C'est Noël et elle a un apéritif et un repas à préparer pour ses invités.

1. Le mot anglais *holly* signifie « houx ».

Dennis Seaton arrive le premier. « J'ai été surpris que vous m'invitiez à prendre un verre avant le dîner, dit-il en lui tendant une bouteille de rosé bon marché. Une façon de vous excuser pour le harcèlement que vous m'avez fait subir, je suppose. »

« Quelque chose comme ça », dit-elle en souriant.

Valerie Wilde est la suivante. « Je ne peux pas rester longtemps, je dois rendre visite à ma mère, dit-elle. Vous savez ce que c'est… »

« Oui », dit la docteure Harker.

Vient ensuite sœur Mary. Elle affiche son plus beau sourire dans l'embrasure de la porte. « Je n'ai pas l'habitude de fêter Noël ainsi, dit-elle, mais j'ai pensé que je vous devais cela, pour tout ce que vous avez fait. » « Vous n'en savez pas la moitié », répond joyeusement la docteure Harker en lui tendant un bol de cacahuètes.

Les trois invités s'étonnent qu'il n'y ait pas plus de monde à la fête improvisée par la docteure Harker, et ils semblent irrités de se voir réunis ici. Mais ce n'est rien comparé à leur réaction quand arrive le dernier invité : l'inspecteur Twelvetrees.

« Est-ce que vous avez l'habitude de faire venir des flics pour Noël ? », demande Dennis Seaton d'une voix ironique.

« Non, pas vraiment, dit la docteure Harker. Cela fait très longtemps. » Et elle serre l'inspecteur dans ses bras.

« Voyons, Maman !, dit-il en redressant sa cravate. Je me sens prêt à dévorer une tourte à la viande ! »

« Je crains que cette réunion ne soit pas juste un apéritif, dit la docteure Harker. L'un d'entre vous a assassiné Mr Holly et Peter Van Nuys, et a tenté de tuer ou de blesser des dizaines d'autres personnes. Puis il a tendu un piège à Lady Miriam. Cette personne se pensait invulnérable, sans avoir conscience des indices laissés par les images qu'elle a envoyées. En essayant de protéger son secret, elle s'est elle-même dénoncée. »

« Sans vouloir vous offenser, qui vous a élu juge et bourreau ? Vous n'êtes qu'un médecin. Un médecin à la retraite, d'ailleurs », déclare Dennis Seaton d'un ton bourru.

La docteure Harker marque une pause. Il n'a pas tort.

« Il est vrai qu'elle n'a aucune autorité ici, dit l'inspecteur Twelvetrees. *(Sa mère lui lance alors un drôle de regard.)* Mais Mr Holly a décidé que c'était elle qui devait recevoir les images du calendrier de l'Avent. Je pense que c'est parce que, comme lui, elle aime Candlestow, l'endroit, les gens, et qu'elle voit comment tout est lié. Elle voit aussi les défauts et les problèmes, et elle comprend que tout cela rend le village et ses habitants plus beaux, d'une certaine façon. Elle a une vision d'ensemble. »

La docteure Harker fait un signe de tête à l'inspecteur et sort un morceau de parchemin roulé, qu'elle ouvre pour révéler le plan de Candlestow dessiné par Mr Holly. Avec la liste des victimes de ces dernières semaines, il est possible de savoir qui est le coupable.

Lequel des trois suspects est Avent ? Commencez par associer chacun des lieux avec le jour où ils ont été pris pour cible par Avent.

LÉGENDE

- [9] Ferme de Bob Utteridge
- [ ] Bibliothèque
- [ ] Maison de Dennis Seaton
- [ ] Hoffman's Square
- [ ] Maison de Duncan Testwood
- [ ] Jingle's Belles
- [ ] Théâtre du village
- [ ] Cabane de Sir Humphrey
- [ ] Maison de Whispering John
- [ ] Maison de Mandy Joseph
- [ ] Institut des Femmes
- [ ] Maison de Mr Mackintosh
- [ ] Boucherie
- [ ] Wilde's Wixies
- [ ] Maison de Freda Watson
- [ ] Maison de Mr Holly
- [ ] Maison de Charlie Spearman
- [ ] Maison de Mr Noakes
- [ ] Maison de Liam Furth
- [ ] Maison de Mr Flowers
- [ ] Maison de Lady Miriam
- [ ] Maison de Sizzy
- [1] Boutique des sœurs Hunnam
- [ ] Presbytère
- [ ] Old Toy Factory

En vous aidant de ce que vous savez sur les images du calendrier, du plan du village établi par Mr Holly et des étranges aveux de Van Nuys le 13 décembre, pouvez-vous découvrir le coupable ? Lorsque vous pensez avoir deviné la véritable identité d'Avent, tournez la page…

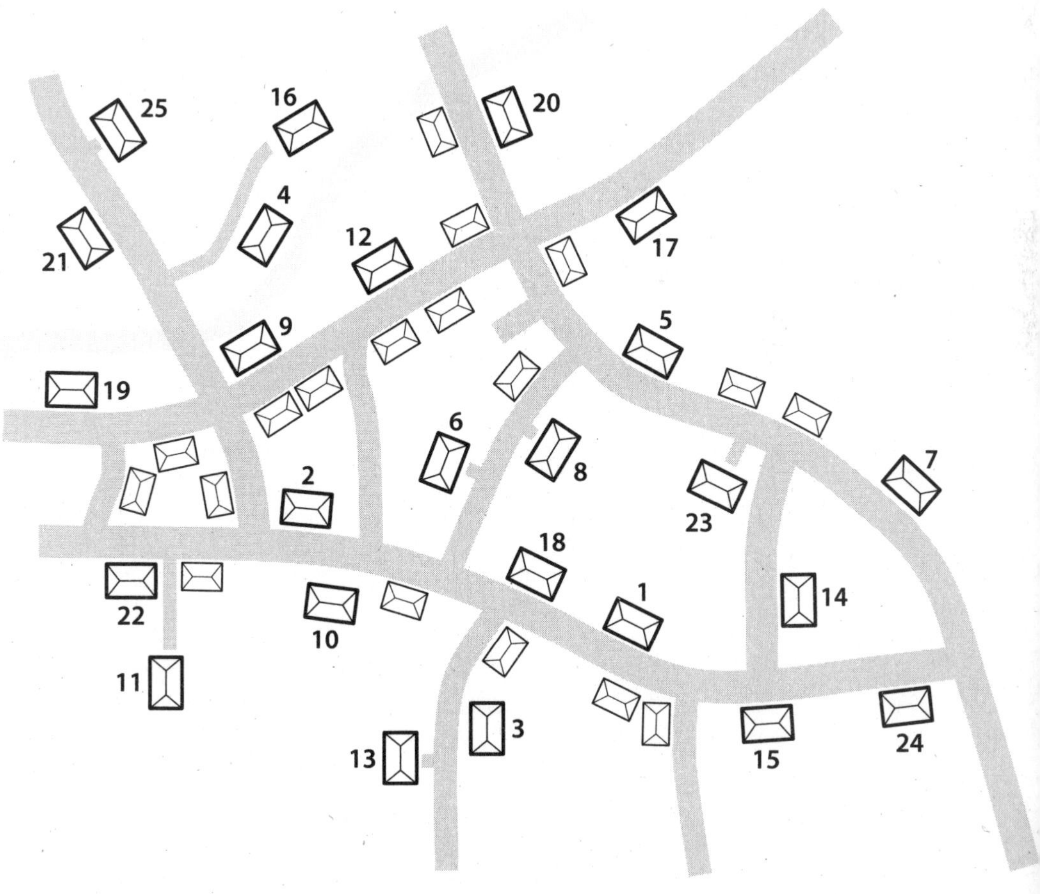

25
16
21
4
12
9
19
6
2
22
10
11
13

LE CALENDRIER DE L'AVENT DE CANDLESTOW

« Mr Holly était un homme bon, déclare la docteure Harker. Mais c'était aussi un farceur satirique. Les deux choses peuvent aller de pair. Il a conçu un calendrier de l'Avent personnalisé, rempli de petites images dont chacune était liée au secret d'un habitant de Candlestow. »

L'inspecteur ouvre son dossier et sort plusieurs images imprimées du calendrier de l'Avent, qu'il étale sur la carte.

« Mais il avait un atout dans sa manche. Un cadeau de Noël secret, en quelque sorte. Car la position de chaque fenêtre sur le calendrier, donc de chaque secret, *correspond presque exactement à l'emplacement de la maison ou de l'entreprise de la personne impliquée.* »

Harker déplace les images sur la carte. « Le 1er décembre, la bûche de Noël se trouve à l'emplacement du magasin de laine des sœurs Hunnam. Le 2 décembre, le bonhomme de neige se trouve au-dessus de la boucherie. Et ainsi de suite, jusqu'au 25 décembre, où le houx s'aligne, sans surprise, sur la maison de Mr Holly. »

Personne n'ose parler.

« Mais il y a un vide, n'est-ce pas ? Le 13 décembre, je n'ai pas reçu d'image. Au début, nous avons pensé que c'était parce que Peter Van Nuys était le coupable. Mais les images ont continué d'arriver après sa mort, et nous avons compris qu'il s'agissait d'une ruse pour faire croire qu'il était à l'origine du complot. Mais Avent ferait-il vraiment cela ? S'arrêter à mi-chemin alors qu'il reste douze images à envoyer ? C'est ridicule. »

Harker prend une gorgée de vin. « La solution m'est venue pendant l'entracte hier. Pour que les enfants ne chantent pas la totalité d'une chanson qu'ils ont mis des semaines à apprendre, il aurait fallu qu'ils y soient vraiment obligés. De la même façon, Avent ne pouvait pas renoncer à publier un calendrier complet, sauf s'il y était contraint. Et c'est ce qui s'est passé. Parce que l'image du 13 décembre ne devait pas être vue par nous, n'est-ce pas ? Le 13e jour est celui de votre secret, n'est-ce pas… **Valerie Wilde** ? »

Les yeux de Valerie s'écarquillent en réalisant son erreur.

La docteure Harker montre du doigt le grand vide au milieu des images du calendrier. « Je suppose que Mr Holly a insisté pour que vous livriez votre secret à travers une image – peut-être même parce qu'il n'a jamais voulu que les gens sachent que vous étiez impliquée. Après l'avoir tué, vous savez que vous ne pouvez pas envoyer l'image du 13 décembre, parce qu'elle contient un secret qui nous aurait fait comprendre la vérité. Qu'est-ce que c'était ? Quelque chose qui montre que vous ne fabriquez pas les Wixies à la main ? »

Valerie reste silencieuse, mais ses yeux brûlent de haine.

L'inspecteur profite de l'occasion. « En tout cas, vous avez eu assez de temps libre pour comploter et parcourir secrètement le village en tendant des pièges et en enlevant des gens pour les punir », dit-il.

« Vous avez peut-être essayé de dessiner une autre version du 13 décembre ?, demande la docteure Harker. Mais vous saviez que nous nous en apercevrions, alors vous avez imaginé un scénario ridicule et horrible : vous avez fait avouer Van Nuys, tout en sachant que nous ne serions pas dupes de son mensonge. Puis vous l'avez éliminé pour pouvoir continuer. Mais vous n'aviez pas réalisé que Mr Holly avait conçu le calendrier pour qu'il s'aligne sur la carte du village, donc en supprimant votre secret, vous avez mis en évidence votre magasin : Wilde's Wixies a été votre perte. »

Le visage de Valerie devient rouge vif et elle explose de colère. « CE VIEIL IMBÉCILE ! Avec ses tours de passe-passe, s'écrie-t-elle. J'aurais dû me douter qu'il ferait une dernière blague. Vous pensiez qu'il était presque un saint, mais je connaissais sa suffisance. Il détestait votre faiblesse, vos mensonges. Et il me détestait aussi, je le voyais bien ! Mais j'aurais pu être lui ! » Sœur Mary regarde Valerie avec stupeur, réalisant que cette femme a tué son père.

« Si cette salope de Lady Miriam n'avait pas ruiné ma famille, j'aurais pu quitter cet endroit horrible, aller en ville comme Holly, poursuit Valerie, en froissant les images du calendrier de l'Avent. Mais papa est parti et maman a tout perdu ! Je me suis retrouvée à tenir ce stupide magasin ! »

Sœur Mary s'approche lentement de Valerie.

« Tout le monde pensait que j'adorais cela, que je perpétuais la tradition de ma famille. Seule Holly savait à quel point j'étais malheureuse. À quel point j'étais piégée. Quand il est venu me voir et m'a demandé de l'aider pour son plan, j'ai sauté sur l'occasion. Pour mettre les menteurs face à leurs mensonges. Et à Noël, en plus, la période la plus fausse de l'année. *(Le visage de Valerie a étrangement changé, car de la tristesse se mêle à sa colère.)* Mais il a commencé à dire qu'il ne s'agissait pas de punir, mais de "libérer les gens". J'ai compris qu'il était tout aussi menteur qu'eux. J'avais vu ses pièces. Je savais qu'il voulait que les gens assument les conséquences de leurs actes. »

« Vous l'avez tué ? », demande la docteure Harker.

« C'était un accident. Du moins au début, répond Valerie. J'aurais probablement pu le retenir après l'avoir poussé… mais je l'ai laissé tomber. Ce n'était pas délibéré ; nous nous étions disputés à propos du calendrier. Je l'ai poussé et il a vacillé sur le muret pendant un moment. Puis il a disparu. Après coup, je me suis rendu compte que je devais aller au bout de notre plan. Et aller au bout de ce qu'il voulait vraiment, même s'il ne voulait pas l'admettre. »

Elle grimace un horrible sourire, dont la docteure Harker se souviendra jusqu'à la fin de ses jours.

« Et Van Nuys ? », demande l'inspecteur.

« Cette pourriture ? J'ai rendu service au monde entier, dit-elle. Je l'ai rencontré lorsque j'en ai eu assez de fabriquer tous les Wixies moi-même. Il m'aidait à les faire entrer clandestinement dans le village depuis le Pays de Galles. »

« Merde ! », souffle Dennis Seaton.

« Le faire chanter pour qu'il avoue a été très simple. Mr Holly en savait autant sur lui que sur n'importe qui dans le village. Il collectait des informations depuis des années, en écoutant aux portes, en espionnant, il pouvait même écouter les gens dans le confessionnal à travers des tuyaux. Il aurait pu faire chanter tous les habitants du village pendant des décennies. Mais il… nous avons choisi une autre voie. »

À ce moment-là, sœur Mary s'avance en grognant. Il faut toute la force de l'inspecteur Twelvetrees pour l'empêcher de se jeter à la gorge de Valerie. « Vous avez tué mon père ! », crie-t-elle.

« Non, c'est vous qui vous l'avez tué !, riposte Valerie. Vous l'avez dénoncé anonymement il y a des années. Vous avez envoyé à la police et aux journaux les informations sur ses liaisons et sur l'argent qu'il volait. Il le savait. Il a dit qu'il vous aimait d'avoir fait ça, mais qu'il ne pouvait plus être votre père. »

« Vous avez fait tout cela... », s'étonne la docteure Harker.

« C'était beaucoup de travail ! Mais aussi beaucoup de plaisir, dit Valerie, qui retrouve son sourire. Parfois, je voulais que vous m'attrapiez, que vous trouviez la solution, mais la plupart du temps, je m'amusais à vous regarder vous débattre. Et maintenant... »

Valerie sort une boîte de sa poche. Connaissant son attirance pour les explosifs, l'inspecteur Twelvetrees vient se placer devant sa mère.

Valerie lui jette un regard fatigué. « Détendez-vous. C'est un cadeau de Noël. »

Elle ouvre la boîte et leur montre un petit Wixie qui ressemble à la docteure Harker. « Joyeux Noël », dit-elle.

Ce sont les derniers mots qu'elle prononce avant d'être arrêtée et emmenée par les policiers. Twelvetrees serre sa mère dans ses bras et elle lui rend son étreinte.

« Elle avait tort, n'est-ce pas ? À propos de Mr Holly ? », demande-t-il.

« Je pense que nous n'en serons jamais sûrs, répond la docteure Harker. J'ai quelque chose à vous dire, Johnny. »

« Il faut que tout soit terminé à Noël ? », demande-t-il.

« Non, dit-elle en lui donnant un coup de coude affectueux. J'espère que vous avez faim. J'ai une belle dinde dans le four et je pense que vous êtes le seul invité qu'il me reste... »

SOLUTIONS DES ÉNIGMES

1er décembre – Bûche de Noël

Enid a mangé la part de Gill, qui était la plus petite (diamètre) et contenait le plus de chocolat. La fausse neige et les décorations n'ont pas d'importance, car Enid n'a jamais vu les gâteaux entiers, mais seulement les extrémités.

2 décembre – Bonhomme de neige

a) Le code est 18-12, pour « 18 décembre », soit exactement une semaine avant Noël. C'est le jour où Steve a rencontré Marie.

b)

i) Rentrez le code en **G** pour faire coulisser **F**.

ii) Retirez la tige **1** pour pouvoir enlever la tige **2**.

iii) Placez la clé **E** dans le trou de serrure **D** afin de désactiver **C**.

iv) Tirez **B** vers l'arrière jusqu'à la gauche.

v) Soulevez le crochet **A**, car son extrémité ne sera pas bloquée par **B** ou par **1**.

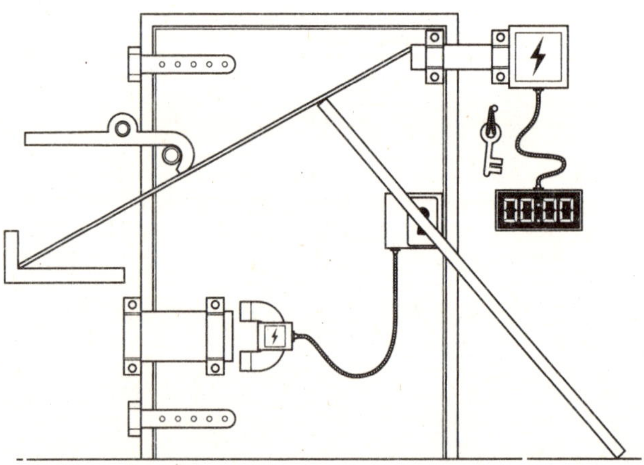

3 décembre – Boule de Nöel

1. John dit qu'il a utilisé un Transit, mais le témoin affirme qu'il s'agissait d'une camionnette Bedford.
2. John dit qu'il a été le premier à sortir, mais le témoin dit que le tireur est sorti le premier.
3. John dit qu'il a éteint les lumières du magasin, mais le témoin dit qu'elles étaient déjà éteintes.
4. John affirme qu'il a crié « Joyeux Noël » en guise de menace, mais le témoin dit qu'il a été réveillé par ce cri.
5. John dit avoir crié « Joyeux Noël », mais le témoin a entendu « Bon Noël ».
6. John affirme que son partenaire a armé son révolver avec son autre main, mais le témoin affirme que le tireur tenait un sac dans cette main.
7. John dit qu'ils ont ouvert la porte latérale de la camionnette, mais le témoin dit qu'ils ont ouvert les portes arrière.
8. John dit qu'ils ont tourné à droite au bout de la route. Le témoin dit qu'ils ont tourné à droite, c'est-à-dire à gauche de l'endroit où il se trouvait.
9. John dit que sa coiffure n'était pas dérangée. Mais il pleuvait. S'il a enlevé sa tête de renne, ses cheveux étaient forcément mouillés, donc décoiffés.

4 décembre – Sapin de Noël

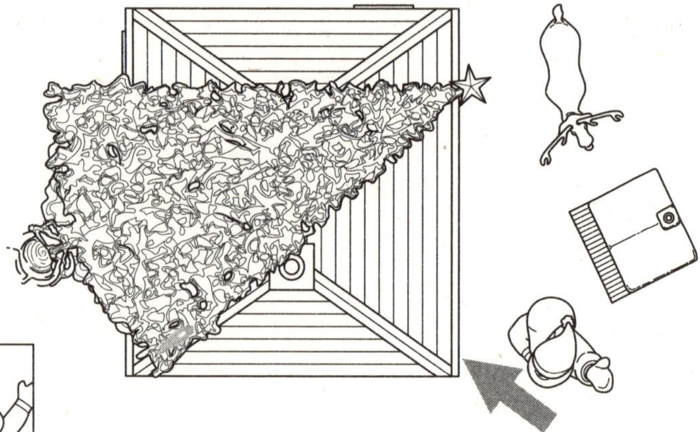

5 décembre – Santa Claus

C'est une abeille, car les autres animaux sont trop gros ou ne sont pas toxiques. Alan est mortellement allergique aux piqûres d'abeilles. C'est pourquoi il se tient à l'écart des fleurs, porte des vêtements sombre qui le recouvrent complètement, évite d'utiliser du miel pour ses gâteaux et possède un Epipen.

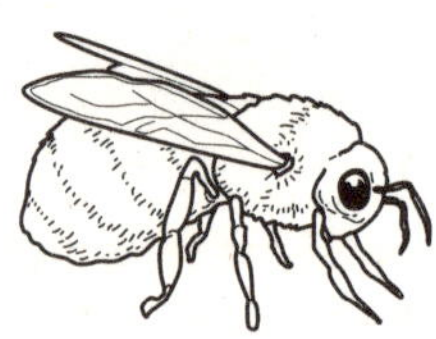

6 décembre – Angelot

Par déduction, vous pouvez interpréter les signaux de contrôle sur les images d'anges :

Haut/bas – le visage se trouve en haut ou en bas.

Gauche/droite – une aile est plus petite que l'autre. Une aile plus grande à gauche = gauche ; une aile plus grande à droite = droite.

Glissez dans l'une des quatre directions – yeux ouverts ou fermés. En haut = les deux yeux ouverts ; à gauche = gauche ouvert, droite fermé ; à droite = droit ouvert, gauche fermé ; en bas = les deux yeux fermés

L'image que vous devez sélectionner est donc B.

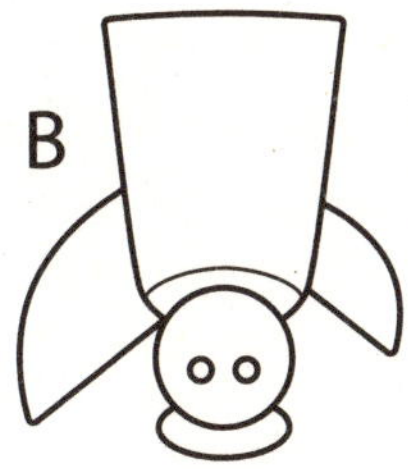

7 décembre – Traîneau

Les freins ont dû être sabotés au niveau de la boulangerie.

8 décembre – Gâteau de Noël

À première vue, on pourrait penser qu'il n'y a pas d'ingrédient commun entre les trois produits que les victimes ont consommé. Cependant, si l'on se souvient que Mr Ahkar a préparé le gâteau au chocolat et aux amandes, il est raisonnable de penser qu'il a pu y goûter. Par conséquent, l'ingrédient contaminé est celui que le gâteau aux amandes partage avec les deux autres gâteaux : les œufs en poudre.

9 décembre – Bougie

Le flocon en haut au milieu est le n° 4 sur la liste. Comptez 4 branches dans le sens des aiguille d'une montre depuis la branche supérieure de ce flocon. Vous arrivez à la branche du bas, qui vous désigne le flocon suivant, celui du milieu. Celui-ci est le n° 4 sur la liste. Comptez jusqu'à 5 en partant de l'aiguille supérieure, ce qui vous amène au flocon n° 3, et ainsi de suite. Vous obtenez ainsi le code 45323.

10 décembre – Couronne

Sachant que la docteure Harker et l'inspecteur Twelvetrees sont arrivés dans le cimetière par le côté est, vous pouvez déduire qu'ils ont commencé par la tombe 20 et que Liam est enterré dans la tombe 6. C'est le seul point que les instructions permettent d'atteindre sans sortir du cimetière.

11 décembre – Étoile

Étage 1 : « On me trouve souvent sur un pied. Mais parfois de la suie me recouvre. »
La réponse est : chaussette.

Étage 2 : « Je suis né noir, je grandis rouge et je finis blanc. »
La réponse est : charbon.

Étage 3 : « Je ne descends jamais, mais il faut toujours me remonter. »
La réponse est : horloge.

Étage 4 : « Où se trouvent les trois premiers objets à découvrir ? La dernière clé se trouve à l'intérieur. »
La réponse est : manteau de cheminée.

12 décembre – Sucre d'orge

1. Il y a six doigts sur la main gauche et le foulard de Sizzy se confond avec ses cheveux
2. L'ombre est celle d'une carotte, et non d'un gâteau. Et le soleil n'est pas du bon côté par rapport à l'ombre.
3. Les nuages à l'arrière-plan sont tous identiques. Sur le fil électrique, l'un des oiseaux est à l'envers.
4. Cette photo ne comporte pas d'erreur.
5. Les pieds de la table défient toute logique et l'horloge est à l'envers.

13 décembre – Rien ?

Solution : Van Nuys n'a pas d'alibi pour les journées du 4 et du 9 décembre.

2 décembre, 7 h 17 : il vole une sculpture de vache pour sa soirée Cowboy Disco.
3 décembre, 17 h-17 h 30 : il anime sa soirée Cowboy Disco.
4 décembre, 10 h 47 : **pas d'alibi**, il ne peut pas avoir volé le bocal près des ruches, car il est allergique aux abeilles.
5 décembre, 9 h 30-9 h 38 : il ne peut pas avoir volé une abeille pour la glisser dans la barbe de Mr Noakes, toujours à cause de son allergie.
6 décembre, 13 h 23 : anime une soirée sur une aire d'autoroute.
7 décembre, 11 h 15 : anime la soirée d'anniversaire du petit Timmy.
8 décembre 14 h 20 : vole un parasol pour sa *beach party*.

9 décembre, midi cinq : **pas d'alibi**. Même s'il a dérobé des écouteurs dans une maison, il peut très bien avoir piraté à distance l'ordinateur d'Utterbridge Farm.
10 décembre, 14 h 45 : Christmas Beach Party sur le Lido.
11 décembre, 10 h 35 : travaille comme ingénieur du son à la radio locale.

14 décembre – Chaussette

L'image dissimule un arbre, un gâteau, un sucre d'orge, une bûche, une couronne, un ange, une étoile et une boule de Noël.

15 décembre – Oiseau

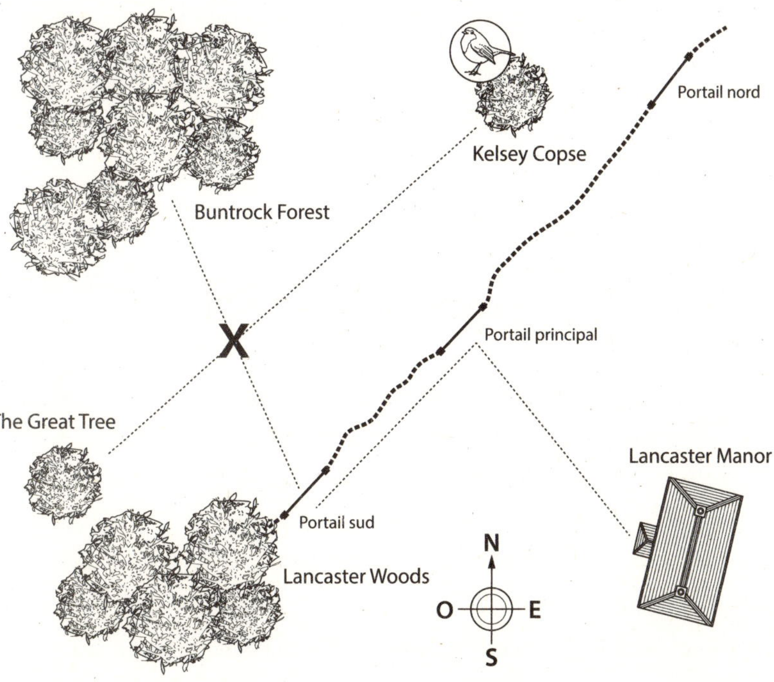

En utilisant les informations données et en calculant l'itinéraire de Sir Humphrey et le parcours de l'oiseau, vous pouvez conclure que Sir Humphrey se trouver au point X.

16 décembre – Chorale de Noël

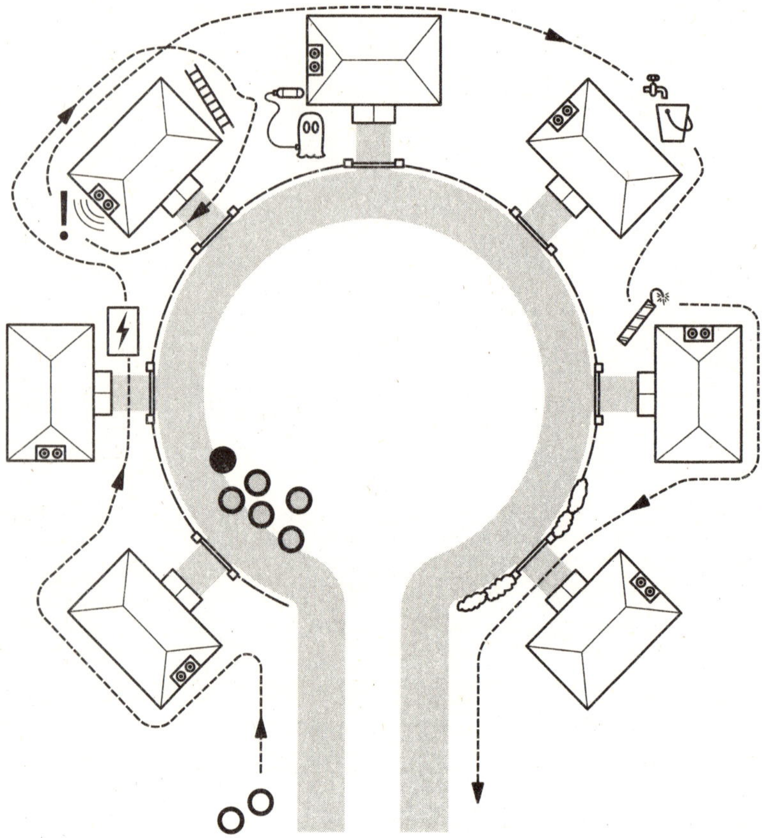

1. Passez derrière la maison numéro 1.
2. Désactivez le système d'ouverture électrifié de la maison 2.
3. Contournez la maison 3 pour récupérer l'échelle. Profitez-en pour retirer le tuyau qui alimente en gaz le fantôme de la maison 4.
4. Avec l'échelle, grimpez sur le toit de la maison 3 et retirez la cheminée branlante.
5. Passez derrière la maison 5 et remplissez le seau d'eau.
6. Arrosez le feu d'artifice avec l'eau du seau.
7. Rejoignez la sortie en vous cachant derrière la haie de la maison 7.

17 décembre – Lutin de Noël

Salle 1 : le tuyau B est relié au Super Aspiro, qui risque d'aspirer un enfant se tenant à proximité.
Salle 2 : les bois du renne du milieu sont pointus, donc dangereux.
Salle 3 : le poids sur le tapis roulant en haut à droite risque de tomber sur la tête de l'enfant B.

18 – Casse-Noisette

Le bras de Casse-Noisette désigne les symboles sur l'horloge à partir du centre du carré : un symbole de vent pour Blow Me Down et un éclair pour Haircuts by Thor. La position actuelle du bras pointe vers l'arc-en-ciel, les objets sont donc conservés chez Prismatic Gems.

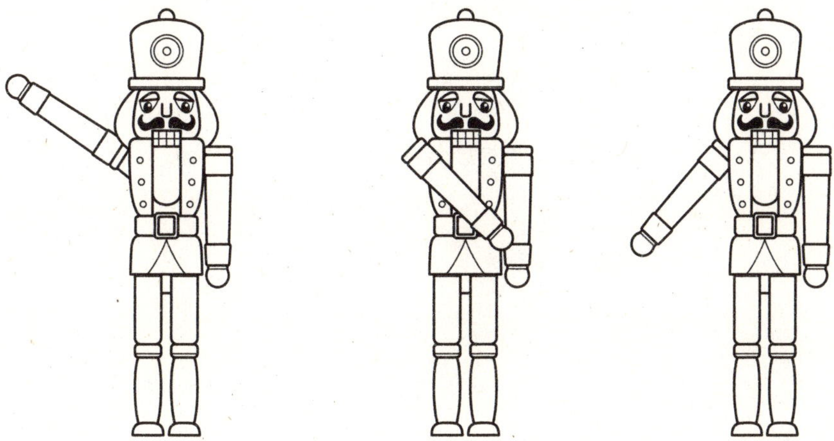

19 décembre – Lierre

Vous savez que les crochets sont fixés très solidement et que leur mouvement est bloqué par le fermoir aimanté. Vous ne pouvez pas défaire les coutures tant que vous ne savez pas la position de Freda dans le costume. Il faut un code pour manipuler la fermeture Éclair.

Le code se trouve à l'intérieur de la tête, mais Freda ne peut pas le voir. Si vous utilisez l'acétone avant que la fermeture Éclair ne soit débloquée, le plastique va fondre et empêcher l'ouverture. Et si vous utilisez l'aimant avant d'avoir entré le code, le système électronique sera brouillé, donc vous ne pourrez pas libérer les crochets qui maintiennent la tête. Voici comment procéder :

1. Éclairez les yeux avec la lampe torche pour que Freda puisse lire le code.
2. Rentrez le code qui commande la serrure électronique.
3. Ouvrez la fermeture Éclair et regardez où se trouve Freda dans le costume.
4. Utilisez l'aimant pour retirer le nœud papillon.
5. Vous pouvez maintenant défaire les coutures avec le couteau.
6. Avec l'acétone, retirez la peinture qui bloque les crochets.
7. Retirez la tête.

20 décembre – Cracker

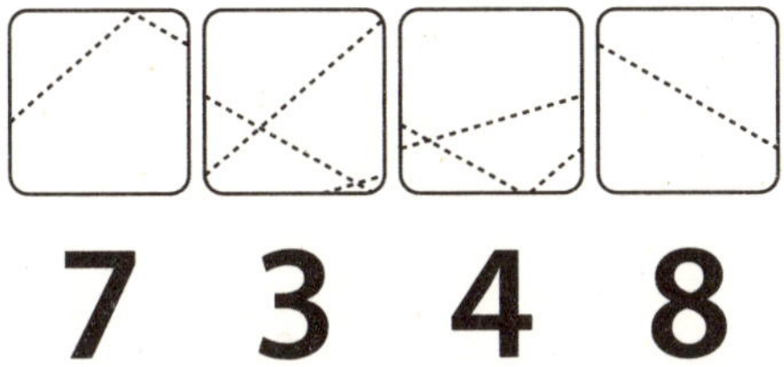

Les images à gauche constituent des devinettes dont la réponse est donnée à droite.

1. Canard = journal
2. Chicken = road[1]
3. Combien faut-il de personnes… ? = ampoule[2]
4. Toc toc = qui est là ?

Une fois les lignes tracées, identifiez les nombres figurant dans les cases qui reprennent les dessins des quatre cases, ce qui vous donne le code 7348.

1. En référence au jeu Chicken Road.
2. Renvoie à une série de blagues sur le modèle suivant : « Combien faut-il de Français pour changer une ampoule ? Ils n'ont pas besoin d'ampoules, ils brillent dans le noir. »

21 décembre – Rois mages

1. Les trois lettres écrites sur le même papier, avec le motif du miro en filigrane.
2. Même si l'écriture est différente, elles utilisent toutes l'expression « bien sûr ».
3. Elles comportent toutes la même faute : « cest » est écrit sans apostrophe.

22 décembre – Rennes de Noël

Le graffeur est la personne présente après la pose de l'affiche, mais avant que le renne ne soit recouvert de peinture. L'affiche posée par Mrs Kenwood se trouve au-dessus d'une trace de ballon sur le mur, elle a donc dû être collée entre 9 h 45 et 11 h 20. Il doit donc s'agir de Jingle, tous les autres protagonistes étant alors visibles des autres personnes présentes.

23 décembre – Gui

En gardant à l'esprit les mouvements de chacun, Lady Miriam n'a pu rester seule que de 20h45-20h51. C'était avec Greg Wilde, dans l'office, car il n'y avait personne dans la salle à manger à ce moment-là.

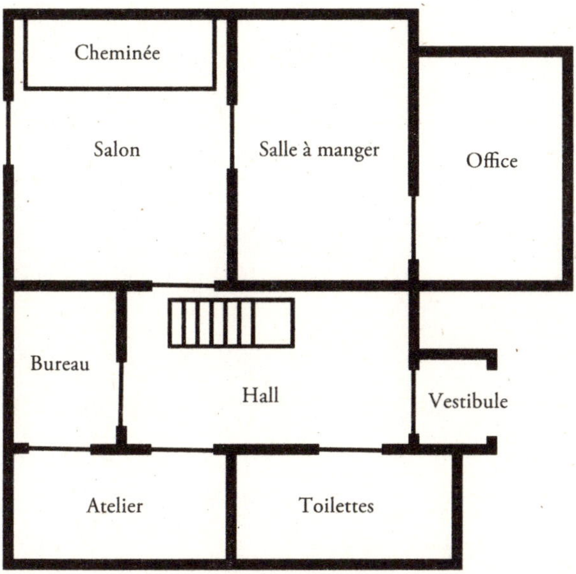

Greg Wilde : office, 20h-20h09 ; salle à manger, 20h09-20h29 ; office, 20h29-20h54 ; salon, 20h54-21h.

Cynthia Wilde : salle à manger, 20h-20h05 ; conduit Lady Miriam voir l'atelier, de 20h05 à 20h12 ; office, 20h12-20h32 ; salon, 20h32-21h.

Lady Miriam : salle à manger, 20h-20h05 ; Cynthia Wilde la conduit voir l'atelier de 20h05 à 20h12 ; toilettes, 20h12-20h20 ; parle avec Dennis Seaton dans le bureau de 20h20 à 20h35 ; salon, 20h35-20h40 ; salle à manger, 20h40-20h45 ; office pour boire un verre, 20h45-20h51 ; salon, 20h51-21h.

Sir Humphrey : salon, 20 h-20 h 29 ; toilette, 20 h 29- 20 h 37 ; salon, 20 h 37-21 h.

George Stones : salle à manger, 20 h-20 h 23 ; quitte la fête en passant par le salon, le hall et le vestibule.

Dennis Seaton : toilettes, 20 h-20 h 10 ; bureau, 20 h 10-20 h 40 ; hall, 20 h 40-20 h 51 ; atelier, 20 h 51-21 h.

Mary Joseph : elle est restée dans le salon tout ce temps.

Joe Joseph : salon, 20 h-20 h 18 ; atelier, 20 h 18-20 h 40 ; parle à Lady Miriam dans la salle à manger entre 20 h 40 et 20 h 45 ; bureau, 20 h 45-21 h.

24 décembre – Cadeau

13 décembre : Lady Miriam s'est perdue à cause des flocons de neige qui ont rendu les panneaux de signalisation illisibles.
16 décembre : sur la note reçue par Lady Miriam, on retrouve deux détails présents sur les fausses lettres remises aux trois bibliothécaires le 21.
17 décembre : les titres des livres de Bethany Bryant semblent des allusions aux événements du 17 décembre, ce qui signifie que son personnage a sans doute été inventé par Avent.
19 décembre : la sœur de Stuyvesant a sans doute bu de l'eau du robinet infectée, et il est possible qu'Avent en soit responsable.
20 décembre : la caméra a été bloquée par un flocon de neige, comme les panneaux de signalisation, ce qui suggère que le sabotage a été commis par Avent.
21 décembre : le message à Sir Humphrey a été envoyé par CalendarGirl25, probablement une référence au calendrier de l'Avent.
22 décembre : la mémoire de Sir Humphrey n'est défectueuse, puisqu'il écrit la veille qu'il dirait à sa femme où il allait, ce qu'il n'a pas fait.

25 décembre – Houx

Une fois que vous aurez fait correspondre chaque personne ou lieu à un jour de l'Avent, il restera un endroit non concerné, ce qui vous permettra de savoir qui est le coupable. Vous pouvez utiliser les images du calendrier pour déterminer l'agencement des fenêtres les unes par rapport aux autres. Vous pouvez ensuite constater que le calendrier correspond à la carte du village établie par Mr Holly. En gardant cela à l'esprit, vous pouvez voir que l'endroit où est la fenêtre 13 se trouve à l'emplacement de Wilde's Wixies (cela correspond également à l'indice de la page 97 qui mentionne que la maison de Whispering John se trouve en face du magasin Wixies). Valerie Wilde n'a pas reçu d'image, et elle est donc Avent.

LÉGENDE

1. Boutique des sœurs Hunnam
2. Boucherie
3. Maison de Whispering John
4. Maison de Duncan Testwood
5. Maison de Mr Noakes
6. Maison de Dennis Seaton
7. Maison de Mr Flowers
8. Institut des Femmes
9. Ferme de Bob Utteridge
10. Maison de Liam Furth
11. Théâtre local
12. Maison de Sizzy
13. Magasin Wilde's Wixies
14. Presbytère
15. Cabane de Sir Humphrey
16. Maison de Mr Mackintosh
17. The Old Toy Factory
18. Hoffman's Square
19. Maison de Freda Watson
20. Maison de Charlie Spearman
21. Bibliothèque
22. Jingle's Belles
23. Maison de Lady Miriam
24. Maison de Mandy Joseph
25. Maison de Mr Holly